"同一条河流"系列丛书

泗水边的《中庸》

许辉 著

全国百佳图书出版单位
时代出版传媒股份有限公司
黄山书社

目录

《中庸》之内

第一章

【原文】

天命之谓性，率性之谓道，修道之谓教。道也者，不可须臾离也，可离非道也。是故君子戒慎乎其所不睹，恐惧乎其所不闻。莫见乎隐，莫显乎微，故君子慎其独也。喜怒哀乐之未发，谓之中；发而皆中节，谓之和。中也者，天下之大本也；和也者，天下之达道也。致中和，天地位焉，万物育焉。

【字词】

天命，天理，上天的赋予，上天的给予；天，上天；命，不知的力量赋予的。谓，称作，叫作。性，人性。率，遵循，依照，按照。道，路，引申为人们必须遵循的原则、规律、法则；在《中庸》里亦可理解为中庸之道。修道，按照道的原则修养自己；修，修习。教，教化。须臾，片刻，短时间。是故，因此，所以。君子，儒家心目中最完美人格的形象。不睹，看不见的地方，看不到的时候。莫，无，没有，没有……更……。见，音

xiàn 现，同现。乎，于。独，独处，独在，独自。中，不偏不倚的状态，不偏不倚的心态。中节，合于法则，合于常理；中，音 zhòng 仲，符合；节，法度，法则，常理。和，和谐。达道，必由之道，即通行天下的规律、原则、道理。致，至，达到，到达。中和，中正和谐。位，位置，各归其位。育，发育生长。

【主旨】

本章主谈慎独与中节。

【许译】

天赋予人的禀赋叫作人性，遵循人性规律叫作道，依照道的规则修习叫作教。道片刻都不可以离开，如果可以离开，那就不是道了。因此君子在别人见不到的地方最要谨慎警戒，在别人听不到的地方最要恐慌畏惧。越隐秘越容易呈现，越细微越容易显露。因此君子独处时最要谨慎。各种感情没有表现出来的时候，叫作中；表现出来以后符合常理，叫作和谐。中是天下的根本；和是天下通行的规则。达到中和的境界，天地就各归其位了，万物就生长发育了。

【碎言】

所谓中节，就是合乎常理，所以这个常理很重要。常理就是社会认可的道理。这是以孔子思想为基础进行的阐发。

一些学者认为今本《中庸》第二章至第十九章为子思作原始文本，第二十章作者虽为子思，但并非《中庸》原始文本内容，今本《中庸》首章及二十一章以下，皆为后人所作。

这样的考据似乎合乎情理：后人加第一章，是自以为世人愚蠢不聪明，不能明了古人的文义，加上概论性质的一章，对下文做一点说明，这是以为自己聪明的举动；在原始文本的后面加上自己的章段，是读了原文后有得有感，不吐不快，感觉已得先贤古意，甚至有与先贤并驾齐驱之感，但又对原文、古文有心底的敬畏，不敢随意插入，因此添加于后，方便明眼人随时删除，没想到也会弄假成真。

《泗水边的〈中庸〉》不是版本学、考据学及语义学专著，仅为作者阅读《中庸》时对中庸文化的引用、联想与感悟，因此我会把今本《中庸》视为一个中庸文化整体，而不会按学科概念去特意切割它。

不过，我感悟与联想的重点，自始至终，都在孔子谈中庸的部分。

第二章

【原文】

仲尼曰："君子中庸，小人反中庸。君子之中庸也，君子而时中；小人之中庸也，小人而无忌惮也。"

【字词】

仲尼，孔子名丘，字仲尼。中庸，不偏不倚，不过分也无不足；儒家的最高行为道德标准；中，最佳点；庸，用，或平常。时中，随时处于中点；时，随时，时时；中，恰如其分。忌惮，顾忌并畏惧。

【主旨】

本章主谈君子、小人与中庸的关系。

【许译】

仲尼说："君子能够中庸，小人违反中庸。君子之所以能够做到中庸，是因为君子随时拿捏分寸、恰如其分；小人之所以违反中庸，是因为小人无所顾忌、恣意妄为。”

【碎言】

这一章是“仲尼曰”，第三章却是“子曰”，在一个文本中显示了不同的时代语境，虽然只是细节，却会使人有所疑问。这表明引述者的引述，或非一人、一时。后世学者考证说，此章应为子思原编《中庸》文本首章，“仲尼曰”之所以与“子曰”不同，只是由于后世编者的任意改动。

这是叫人扫一眼就记得住的一章。最接近孔子生活时代记录下来的孔子的话总是最言简意赅、内蕴丰厚并叫人过目不忘的。譬如，孔子说，“君子喻于义，小人喻于利”（《论语·里仁篇》），孔子说，“父母在，不远游，游必有方”（《论语·里仁篇》），孔子说，“过犹不及”（《论语·先进篇》），孔子说，“三人行，必有我师焉；择其善者而从之，其不善者而改之”《论语·述而篇》，孔子说，“君子固穷，小人穷斯滥矣”《论语·卫灵公篇》，都是叫人过目而不忘的箴言。

中庸之道或可理解为常理之道。合乎常理了，就是不偏不倚，就是合乎常情，就能为社会认可，就不会动荡，就和谐了。中庸的标准，就是常理的标准。常理是个变量，不同的社会有不同的常理，不同的时代有不同的常理。

常理就是已经固化的社会秩序、生活道理，大概就是法国哲学家兼社会学家孔德所谓稳定社会的“静力”。但常理又是个变量，就成为孔德所谓社会变迁和发展的“动力”。这是中庸之道的反正面，是中庸之道相互依存的两大结构：没有静力，也就无所谓动力，没有动力，也参照不出静力。

中庸自此章后成为一个被反复强调的价值和方法概念。

第三章

【原文】

子曰："中庸其至矣乎！民鲜能久矣！"

【字词】

其，语气词，表示推测，大概，可能，不肯定。至，极顶，顶点。

【主旨】

本章主谈中庸的至高无上。

【许译】

孔子说："中庸可以说是最高准则了！但民众很少能够做到，这种状况已经存在很久了。"

【碎言】

《论语·雍也篇》有"子曰：'中庸之为德也，其至矣乎！民鲜久矣！'"的句子。孔子认为中庸是至高无上的道德，或是一种至高无上的方法，民众缺乏的、很少能做到的，既可能是一种道德标准，也可能是一种获得道德的方法，即德行。也就是说，民众缺乏的，既可能是那么一种至高无上的道德标准，也可能是那么一种获取至高无上道德的方法。

中庸似乎更是一种方法论——这是我的理解。中庸主要不是一种操守，不是一种道德标准，而是一种获取道德操守和标准的路径和方法。

但在一般的意义上，中庸又是儒家最高的行为道德标准。

事物总有如下规则：流行得久了，内容即成为形式，形式也成为内容；方法成为价值，价值也成为方法。

但方法论的立足点首先还是方法，就仿佛价值观的立足点首先还是对价值的看法一样。

第四章

【原文】

子曰："道之不行也，我知之矣：知者过之，愚者不及也。道之不明也，我知之矣：贤者过之，不肖者不及也。人莫不饮食也，鲜能知味也。"

【字词】

道，中庸之道。知者，聪明人；知，音 zhì 智，同智。过，过度，过分。不肖，指不贤。莫，没有。味，滋味，味道。

【主旨】

本章主谈中庸之道不能施行的原因。

【许译】

孔子说："中庸之道不能施行的原因，我知道了：聪明的人自作聪明过了头，愚钝的人又认识不到位。中庸之道不能彰显的原因，我知道了：贤明的人自作聪明过了头，不贤的人又认识不到位。人没有不喝水吃饭的，但很少有人能够真正品尝出其中的滋味。”

【碎言】

依我个人的揣摩和体会，中庸一词或主要有两种结构。一种结构是动宾结构，即中为动词，是符合的意思；庸为名词，是常理、常情、常态的意思，也就是我们现在说的庸常，庸即常，常即庸，庸常即平常；中庸即符合常理，符合平常，符合寻常。这大概是南宋朱熹“中者，不偏不倚、无过不及之名；庸，平常也”的意思。

另一种结构是偏正结构，中为修饰语，即不偏不倚义；庸为用，使用义；中庸也就是用中，以中为用，以中正为用，以不偏不倚为用。这大概是东汉郑玄“名曰中庸者，以其记中和之为用也。庸，用也”的意思。

中是变化、寻找、估摸、猜测；庸或又有平常、不变义。中像秤砣，不断变化、估摸，寻找最佳点位；庸则如秤盘，一旦确定，就始终如一，是几就是几。

中庸就是无所谓过，无所谓不及，就是不前不后、不左不右、不里不外、不上不下，就是不偏不倚，就是恰到好处，就是不滞后不冒进，就是在最适当的时间、最适当的地点、最适当的天时地利人和环境中做最该做的事情。自然，做得好了就是中庸，做得不好就是非中庸；成功了即合乎中庸之道，失败了当然是火候不到。

可如何做到中庸，则需细细思量了。

第五章

【原文】

子曰："道其不行矣夫。"

【字词】

道，此处或指中庸之道。其，表示推测，大概，不肯定。夫，音 fú 扶，语气助词，表示感叹。

【主旨】

本章主谈中庸之道的处境。

【许译】

孔子说："道大概不能实行了呀。"

【碎言】

我觉得，《中庸》的核心在第二章、第三章、第六章、第十章。《中庸》的重点在第一章、第二章、第三章、第四章、第六章、第十章、第十一章、

第十二章、第十三章、第十四章、第十五章。其余多为核心内容的延伸解读，或附会解释的章节片段，甚至凑数添乱的闲章杂段；这些章节片段虽然不是完全无用，但多些少些，也都无可无不可。

即如此章，孔子说，道大概不能实行了呀，就难以成为中庸文化的核心内容。第七章，孔子说，人人都说自己聪明，可是如果被驱赶到机关陷阱里，却不知道怎样躲避，人人都说自己聪明，可是选择了中庸之道却连一个月都坚持不下去，也是如此，难以成为中庸之道的核心内容。

但是，由于中庸思想的包罗万象，《中庸》中又有哪一章完全不与中庸思想相勾相连？又有哪一章给出了中庸的标准答案？又有哪一章完全不是中庸核心的延伸解读？

如此一来，我也给弄糊涂了。

第六章

【原文】

子曰："舜其大知也与！舜好问而好察迩言，隐恶而扬善，执其两端，用其中于民，其斯以为舜乎！"

【字词】

舜，名重华，传说中是我国父系社会后期部落联盟领袖，舜为谥号。大知，大智慧；知，音 zhì 智，同智。迩言，浅近的话；迩，音 ěr 尔，近。执其两端，掌握两个端点的情况；执，掌，掌握，根据。用其中，选择两个端点之间的最佳方式、方法、方案。其斯，其，表示推测，大概，大约；斯，代词，这，此。

【主旨】

本章主谈舜的大智大德，或又是对中庸之道的举例而言。

【许译】

孔子说：“舜难道不是具有大智慧的人吗！舜喜欢向人请教，而且善于从人们浅近的言语里分析含义，他不宣扬别人的恶言，只宣扬别人的好话，他把握住过与不及、善与恶、好与坏两端的情况，用中正之道来治理民众，这大概就是舜之所以被誉为舜的原因吧。”

【碎言】

像所有人一样，孔子也有英雄祖先情结。

所谓英雄祖先情结，就是人们都需要一个或多个拿得出去、说得上口、值得炫耀的祖先，以提振家族士气，证明来源正统和可靠。如果这个祖先或这些祖先知名度高，那自然好上加好，如果自己的祖先并无英雄事迹、突出表现或高位大爵，人们还可以在条件适宜的时刻创造或制造一个或多个英雄祖先。例如孔姓的都能叙上孔子，许姓的则叙上许由，李白也算得上皇亲国戚。这样的攀叙，是对主流和正统的依附。如果祖先有人进入负面道德范畴，那后人则只好做冷处理，不提为上了。

英雄祖先情结只是一种文化心理现象，并不一定是历史事实。人们可以更改英雄祖先，可以变化英雄祖先，可以创造一个英雄祖先，可以创造英雄祖先的英雄事迹，这都说明英雄祖先这种文化现象是心理的、意识的、动态的。

第七章

【原文】

子曰：“人皆曰予知，驱而纳诸罟擭陷阱之中，而莫之知辟也。人皆曰予知，择乎中庸而不能期月守也。”

【字词】

予，我。知，同智。驱，驱赶。纳，落入。诸，之于的合音。罟，音 gǔ 古，捕兽的网。擭，音 huò 获，捕兽的木笼。陷阱，捕兽的坑洞。莫，不。辟，音 bì 避，同避，躲避，逃避。期月，一整年，或一整月，此或指一整月。

【主旨】

本章主谈人性之弱。

【许译】

孔子说：“人人都说自己聪明，可是如果被驱赶到机关陷阱里，却不知道怎样躲避。人人都说自己聪明，可是选择了中庸之道却连一个月都坚持不下去。”

【碎言】

孔子说：“吾十有五而志于学，三十而立，四十而不惑，五十而知天命，六十而耳顺，七十而从心所欲，不逾矩。”（《论语·为政篇》）所谓七十而从心所欲不逾矩，就是说一般的人活到七十岁了，就可以随心所欲地做自己想做的事情了，只要不有违大的社会规范即可。

而有智慧的人活到七十岁，我理解除了可以随心所欲做自己想做的事情以外，还可以有资格有能力为社会、为学术、为道德伦理、为他人立规矩。一个人活到七十岁，为不为社会、学术、道德伦理、他人立规矩是自己的事，而能不能为社会、为学术、为道德伦理、为他人立规矩更是自己的事。

孔子在这件事上非常清醒，他明白他一生要做的事，就是为社会、为学术、为道德伦理、为他人立规矩。这是他人生的唯一，也是他对人类最大的贡献。

第八章

【原文】

子曰："回之为人也，择乎中庸，得一善，则拳拳服膺而弗失之矣。"

【字词】

回，孔子的弟子颜回，字子渊，也称颜渊，孔门十哲之一，孔子最得意的门生之一。善，好。拳拳，奉持不舍的样子。服膺，牢记在心；服，著，放置；膺，胸。弗，不。

【主旨】

本章主谈道德标杆。

【许译】

孔子说："颜回为人处世就是这样，他选定了中庸之道，就像得到一个至善真理，于是牢牢记在心上，再不让它失去。"

【碎言】

孔子在哪里都说颜回好，这是因为颜回最可被树为道德标兵。其实孔子内心最认可的学生，应该是子贡。

第九章

【原文】

子曰：“天下国家可均也，爵禄可辞也，白刃可蹈也，中庸不可能也。”

【字词】

天下，天子辖下的所有地方。国，天子分封的诸侯国。家，诸侯分封的卿大夫领地。均，平定，治理。爵，爵位；周代爵位分公、侯、伯、子、男五等。禄，俸禄。辞，此指放弃。白刃，闪光的快刀。蹈，践，踩，踏。

【主旨】

本章主谈中庸之难。

【许译】

孔子说：“天下国家可以治理，爵位俸禄可以放弃，闪亮的快刀可以踩踏，中庸之道却难以做到。”

【碎言】

极言中庸之道的难。所有的事情都容易，唯独中庸不容易。所有的难事都不难，唯独中庸最难。所有的决定都可以自己做，唯独中庸自己做不了主。

第十章

【原文】

子路问强。子曰："南方之强与？北方之强与？抑而强与？宽柔以教，不报无道，南方之强也，君子居之。衽金革，死而不厌，北方之强也，而强者居之。故君子和而不流，强哉矫！中立而不倚，强哉矫！国有道，不变塞焉，强哉矫！国无道，至死不变，强哉矫！"

【字词】

子路，孔子学生，名仲由，字子路，又字季路。强，或指优长、品质。抑而强与，抑，选择连词，或者，还是；而，你，此指子路；与，吗，疑问语气词。报，报复。无道，不道。居，居住，处于。衽，音 rèn 认，卧席，此处作动词用，躺卧。金，铁制的兵器。革，此处指皮革制成的甲盾。厌，后悔。和而不流，性情平和却不随波逐流。矫，坚强的样子。不变塞，不改变志向；塞，充实，指充实于内心的志向。

【主旨】

本章主谈强弱的分层与表里。

【许译】

子路问什么是强。孔子说："你问是南方的强，还是北方的强，还是你认为的强呢？用宽厚柔和去教育人，别人对我不讲道义也不报复，这是南方的强，君子持守这种强。枕戈卧甲，至死不悔，这是北方的强，勇武者持守这种强。因此君子性情平和却不随波逐流，这才是真正的强啊！守持中庸不偏不倚，这才是真正的强啊！国家政治清平，不改变志向，这是真正的强啊！国家政治昏暗，至死不改变操守，这才是真正的强啊！"

【碎言】

两千多年前的孔子，谈的竟是地域文化，即自然地理基础上的区域文化。孔子真丰富、阔大、辽远！阅读能够解决知识的问题，勤奋能够解决积累的问题，思考能够解决道理的问题，天赋才能够解决智慧的问题。

第十一章

【原文】

子曰："素隐行怪，后世有述焉，吾弗为之矣。君子遵道而行，半途而废，吾弗能已矣。君子依乎中庸，遁世不见知而不悔，唯圣者能之。"

【字词】

素，据《汉书》应为索，探索，寻求。隐，隐僻。怪，怪异。述，记述，引申为称赞。弗，不。已，止，停止。遁世，避世，隐居。见知，被知；见，被；知，赏识，任用。

【主旨】

本章主谈坚持与守望。

【许译】

孔子说："探索隐僻的道理，行为举止怪异，这或许能得到后人记述称赞，但我不会这样做的。君子遵道而行，半途而废，但我不会停止的。真正的君子依顺中庸之道，即使埋没于世不为人知也不会后悔，这只有圣人才做得到。”

【碎言】

按照儒家传道系统即道统的说法，儒家把一系列英雄划为自己的“英雄祖先”。其中有一种排序是：尧、舜、禹、汤、文王、武王、周公、老子、孔子、子思、孟子，到孔子时逐渐形成儒家学派。老子后，另一派由庄子逐渐形成道家学派。而老子在后世的理论选择中则被逐渐排斥出儒家英雄祖先的行列，因为他已经成为道家学派的英雄祖先，而且还是源头式的英雄祖先。或许人们不需要一位跨党派的跨界英雄。

儒家学派首先是一个政治学派，这一派的学术和理论的第一要务就是为政治服务，为治理社会服务，为统治百姓服务，因而它追求的必然是认同意识、正统意识和主流意识。当然，通过我们这个利益和价值共同体两千多年的社会实践，我们知道这些重要目标都完全达到了。儒家学派为人类贡献出了一整套高质高效并具高度审美价值的治理和管理社会的政治伦理、道德规范、思维方法和价值判断系统。

第十二章

【原文】

君子之道费而隐。夫妇之愚，可以与知焉，及其至也，虽圣人亦有所不知焉。夫妇之不肖，可以能行焉，及其至也，虽圣人亦有所不能焉。天地之大也，人犹有所憾。故君子语大，天下莫能载焉；语小，天下莫能破焉。《诗》云：“鸢飞戾天，鱼跃于渊。”言其上下察也。君子之道，造端乎夫妇，及其至也，察乎天地。

【字词】

道，此或指中庸之道。费，作用广大。隐，细致精微。夫妇，匹夫匹妇，意指普通男女。与，参与。知，知晓，指都能够知晓一些。至，最，极致。不肖，不贤，不才。憾，遗憾。鸢，音 yuān 渊，鹰。戾，音 lì 立，至，到，达。跃，跳动。上下察，意为无所不至，无所不包。造端，开端，开始。

【主旨】

本章主谈道的无所不在。

【许译】

君子坚守的道，广大而精微。普通男女虽然愚钝，也是可以知道一些的，但它的最高境界，即便是圣人，也有无法尽知之处。普通男女虽然不贤明，也是可以实行一些君子之道的，但它的最高境界，即便是圣人，也有无法做到之处。天地如此之大，但人们仍感觉有不满足的地方。因此君子谈到它的大，天下没有什么能载得下；谈到它的小，天下没有什么把这小分得开。《诗经·大雅·旱麓》说："鹰飞向天空，鱼跃入深渊。"这是说君子之道，上达于天，下及于渊。君子之道，始于普通男女都懂的道理，但它的最高境界，能够涵察天地间的一切。

【碎言】

这就像《老子》的结构、口气、句式和思路："看却看不见，称它无形；听却听不到，称它无声；摸却摸不着，称它无迹。这三者没法追问穷究，因此它们浑然一体。它的上面不光明，它的下面也不显得阴暗。渺茫无际啊没法描述，最终又还原为看不见、摸不着的道。这就叫作没有形状的形状，没有具象的物态，这就叫作恍恍惚惚，似有若无。迎着它看不见它的前头，跟着它看不见它的后面。把握古已有之的道，用它来驾驭现今的具体事物。能够了解宇宙的初始，这就是道的规律。"（《老子》第十四章）

怪不得儒家学派曾把老子划归自己的英雄祖先行列呢。

第十三章

【原文】

子曰："道不远人。人之为道而远人，不可以为道。《诗》云：'伐柯伐柯，其则不远。'执柯以伐柯，睨而视之，犹以为远。故君子以人治人，改而止。忠恕违道不远，施诸己而不愿，亦勿施于人。君子之道四，丘未能一焉：所求乎子以事父，未能也；所求乎臣以事君，未能也；所求乎弟以事兄，未能也；所求乎朋友先施之，未能也。庸德之行，庸言之谨。有所不足，不敢不勉，有余不敢尽。言顾行，行顾言，君子胡不慥慥尔？"

【字词】

伐柯，砍伐做斧柄用的木材，柯，斧柄。则，准则，法则，此指做斧柄的准则。睨，音 nì 昵，斜视，斜眼看。以人治人，依人的本性来治理人，即治理要因人而异；以，因。改而止，改正过错就可以了。违道，背离道。

君子之道四，四指孝、悌、忠、信。庸德，一般的道德规范。庸言，一般的言谈。胡，何，怎么，为什么。慥慥，音 zào 造，忠厚诚恳的样子。

【主旨】

本章主谈言与行。

【许译】

孔子说："道是不能远离人的。如果为了实行道而远离人，那是不可能真正实行道的。《诗经·豳风·伐柯》说：'砍伐木头做斧柄，砍伐木头做斧柄，斧柄的样式就在眼前。'手里拿着斧柄砍伐用来做斧柄的木材，应该不会走样，但如果斜着眼细看，仍觉得有较大的不同。因此君子总是根据人的不同特点来治理，只要改正了就可以了。忠和恕离道不远。不愿施加到自己身上的，也不要施加到别人身上。君子之道有四个方面，我孔丘一方面都没有做到：用要求子女侍奉自己的标准侍奉父母，我没能做到；用要求臣子侍奉君主的标准来侍奉君主，我没能做到；用要求小弟侍奉兄长的标准来侍奉兄长，我没能做到；用要求朋友之间先为对方做到的标准来对待朋友，我没能做到。普通的道德也要认真实行，平常的言词也要谨慎选择。做得不够的地方，不敢不努力，做得好的地方，也不要把话说满。说话要想到和行动结合，行动要想到与说话一致，这样做的君子怎么会不给人一副忠厚诚恳的印象？"

【碎言】

现代社会的国家概念，有领土、人民、政府和主权几大概念，离开了人，国家也就不存在了。孔子的时代则有封地、归属、等级和治理概念。孔子知道所有的道都必须有施加者和接受者，没有施加者，社会将会不堪；没有接受者，再好的道也无用武之地。

第十四章

【原文】

君子素其位而行，不愿乎其外。素富贵，行乎富贵；素贫贱，行乎贫贱；素夷狄，行乎夷狄；素患难，行乎患难。君子无入而不自得焉。在上位，不陵下；在下位，不援上。正己而不求于人，则无怨。上不怨天，下不尤人。故君子居易以俟命，小人行险以徼幸。子曰："射有似乎君子，失诸正鹄，反求诸其身。"

【字词】

素其位，平日所处的地位；素，平素，用为动词。愿，羡慕，追求。夷狄，泛指当时的少数民族；夷，指东方的部族；狄，指西方的部族。无入而不自得，无论处于何种环境下都能安然自得。陵，通凌，欺凌，欺负。援，攀援，引为攀附。求，苛求。尤，责备，抱怨。居易，处于安然的现状；易，平易。俟命，等待天命。行险，冒险，铤而走险。徼，同侥。射有似乎君子，射箭的道理和做人的道理相似；射，射箭。正鹄，靶子中心部位；画在布上的叫正，画在皮上的叫鹄；鹄，音 gǔ 鼓。反求诸其身，反过来从自身找原因。

【主旨】

本章主谈实事求是、安然正己。

【许译】

君子按照现有的地位行事，不做非分之想。平常富贵，就按富贵人的方式去做事；平常贫贱，就按贫贱人的方式去做事；边远的族群，就按边远族群的方式去做事；处于患难之中，就按处于患难之中的状况去做事。君子无论处于什么情境下都能安然自得。居于上位，不欺凌居于下位的人；居于下位，不攀附居于上位的人。端正自己而不苛求别人，就没有抱怨了。对上不抱怨天命，对下不抱怨人事。因此君子总是心态平和以待天命，小人总是剑走偏锋心存侥幸。孔子说："做君子的道理和射箭的道理相似，没能射中靶心，就要反过来找找自身的原因。"

【碎言】

"子曰"是孔子说。"子曰"前面一大段话，是谁说的呢？如果不是后人植入，那就应该是子思说的。子思这一段是说得很好的，的确是好的！如果不从墨守成规的批判视角入手，而是体味其悠然的心态，就最能感觉这一段的好。上不怨天，下不尤人，正是一种适宜的理性思维。孔子与子思祖孙俩的例子告诉我们，既然聚财的能力是可能传承的，那么思考的能力也可能是能够传承的。其实除却智力外，更多的传承不是能力，而是家规、家教、生活方式和行为方式。

第十五章

【原文】

君子之道，辟如行远必自迩，辟如登高必自卑。《诗》曰：“妻子好合，如鼓瑟琴。兄弟既翕，和乐且耽。宜尔室家，乐尔妻帑。”子曰：“父母其顺矣乎！”

【字词】

道，或为中庸之道。辟，通譬。迩，近。卑，地势低下，低处。妻子，一说为夫妻之妻，一说为妻子与子女。好合，和睦。鼓，弹奏。翕，音 xī 西，和谐，融洽。耽，安乐。宜，和顺。帑，音 nú 奴，通孥，子女。顺，安乐舒畅。

【主旨】

本章主谈依序、睦家。

【许译】

君子实行道，如同走远路一定要从近处开始，登高一定要从低处起步一样。《诗经·小雅·常棣》说："妻儿和睦相处，如同弹琴鼓瑟。兄弟友爱融洽，和谐又快乐。使你家庭美满，让你妻儿安乐。"孔子说："能够这样，父母也便称心如意了呀!"

【碎言】

孔子在这里特别说"父母也便称心如意了呀"，显得有人情味而不是社会味。《诗》说妻儿如何、兄弟如何、家庭如何，这是文学，因而人情味浓。孔子引《诗》说则是他兴趣和趣味的选择，是他人情味的流露。民国文人林语堂谈到孔子时说，孔子本是一个有说有笑、有哭有闹、喜游好歌、个性鲜明、生动活泼的性情中人，后来却被宋儒曲解，成为一个缺少人之常情的圣人，失去其本来面目。

我认同林语堂的看法。孔子的歌哭笑闹，我们从《论语》里就看得很清楚。《论语》里的确有许多仁、义、礼、忠、信，但《论语》里还有许多吃喝玩乐、日常进退、洒扫庖厨，这些才应该是孔子思想的"原典""原因"，才是孔子思想的土壤、孔子思想的素材，只不过这些内容不为后世那些严肃的儒生重视罢了。

第十六章

【原文】

子曰："鬼神之为德，其盛矣乎！视之而弗见，听之而弗闻，体物而不可遗。使天下之人，齐明盛服，以承祭祀。洋洋乎！如在其上，如在其左右。《诗》曰：'神之格思，不可度思，矧可射思。'夫微之显，诚之不可掩如此夫！"

【字词】

鬼神之为德，鬼神的功德；古人认为鬼神是阴阳二气，鬼为阴，神为阳。体物，体现，成就，有滋养万物之意。齐，音 zhāi 斋，同斋；斋戒。明，清洁，洁净。盛服，盛装。洋洋乎，盛大，流动。格思，来到，来临；思，语助词。度，揣摩，揣度。矧，音 shěn 审，况，况且。射，音 yì 义，厌，厌弃。微之显，鬼神之事虚无却又明显。掩，遮掩，掩盖。

【主旨】

本章主谈鬼神功德。

【许译】

孔子说：“鬼神的功德，是多么盛大广远呀！看它看不到，听它听不见，它却成就万事万物没有任何遗漏。它使人们斋戒盛服，前往祭祀。浩大啊！好像就在头上，又好像在身边。《诗经·大雅·抑》说：‘神的降临，无法预测，怎么能够厌弃不敬。’从隐微到显明，至诚的德行就是如此不可掩藏啊！”

【碎言】

孔子时代敬畏鬼神，就像现在有些人崇拜一部电影拿五千万美元、一部电视剧拿五千万元人民币酬劳的影星歌星一样，既崇拜羡慕他，又觉得他神秘。

第十七章

【原文】

子曰："舜其大孝也与！德为圣人，尊为天子，富有四海之内，宗庙飨之，子孙保之。故大德必得其位，必得其禄，必得其名，必得其寿。故天之生物，必因其材而笃焉。故栽者培之，倾者覆之。《诗》曰：'嘉乐君子，宪宪令德。宜民宜人，受禄于天。保佑命之，自天申之。'故大德者必受命。"

【字词】

宗庙，古代天子、诸侯祭祀先王的地方。飨，音 xiǎng 想，用酒食祭祀。之，指舜。子孙，指舜的后代。保，保住。材，本质，资质。笃，加厚，厚。培，培育。倾者，倾斜不可成材的。覆，倾倒，败亡。嘉乐，和善安乐；嘉，同假，美善。宪宪令德，显著盛明的美德；宪宪，显显，显著；令德，美好的德行。申，申明，重申，重复。

【主旨】

本章主谈大德，为大德章。

【许译】

孔子说："舜大概算个大孝子了！他德行高尚，堪称圣人，地位尊显，贵为天子，他拥有全天下的财富，在宗庙里享受祭祀，子子孙孙永葆他的功业。所以，有大德的人必定能得到应有的地位，必定能得到应有的俸禄，必定能得到应有的名声，必定能得到应有的福寿。因此上天孕养万物，一定会根据它们的特点来厚待它们。能够成材的就多加培育，不能成材的就任其衰亡。《诗经·大雅·假乐》说：'优雅快乐的君子，有着显耀光明的美德。他让人们怡然地生活，接受上天赐予的福禄。上天保佑他、任用他，代代相传。'因此，有大德的人必将承接天命。"

【碎言】

要使国家强大，使人民认同，让百姓满意，得把国家的经济实力搞上去，把国家的军事实力建起来，把国家的意识形态推广开。在孔子的时代，则需要神化他的德行，神圣他的形象。

第十八章

【原文】

子曰："无忧者其惟文王乎！以王季为父，以武王为子；父作之，子述之。武王缵大王、王季、文王之绪，壹戎衣而有天下，身不失天下之显名。尊为天子，富有四海之内，宗庙飨之，子孙保之。武王末受命，周公成文武之德，追王大王、王季，上祀先公以天子之礼。斯礼也，达乎诸侯大夫，及士庶人。父为大夫，子为士，葬以大夫，祭以士。父为士，子为大夫，葬以士，祭以大夫。期之丧，达乎大夫。三年之丧，达乎天子。父母之丧，无贵贱一也。"

【字词】

文王，指周文王。王季，周文王的父亲，姓姬名季历，武王灭纣后追封他为王季。武王，周文王的儿子，名发，谥号武。作，创业，开创。述，继承，传承，传述。缵，音 zuǎn 纂，继承，继续。大王，太王，王季的父亲古公亶父；大，同太。绪，事业。壹戎衣，一穿上戎衣，后泛指用兵作战。末，晚年。周公，姓姬名旦，武王弟，封地在周，所以称周公，周公曾助武王伐纣，又助成王治理，平定了内部和外族的叛乱，并大规模分封诸侯，制作礼乐，建立典章制度。追王，给先辈加追王号；王，音 wàng，尊……为王。期之丧，守丧一年；期，音 jī 积，一年。

【主旨】

本章主谈传承，为传承章。

【许译】

孔子说：“没有忧愁的人，大概只有周文王吧！他有王季这样的父亲，他有武王这样的儿子，他的父亲开创基业，他的儿子能够继承光大。武王继承了太王古公亶父、王季、文王的功业，击败商纣王而取得天下，没有辜负显耀天下的美名。他贵为天子，拥有天下的财富和疆土，他在宗庙里享受祭祀，子子孙孙永葆他的伟业。武王晚年才接受天命成为天子，到周公时才完成文王和武王的功业，追尊古公为太王、季公为王季，用天子之礼祭祀先祖。又将这种礼制施及诸侯、大夫、士和平民百姓。如果父亲是大夫，儿子是士，父亲去世，就按大夫的礼制安葬，按士的礼制祭祀。如果父亲是士，儿子是大夫，就按士的礼制安葬，按大夫的礼制祭祀。守丧一年的丧制，上至大夫都可以使用。守丧三年的丧制，上至天子都可以使用。为父母守丧，无论贵贱，都是一样的。”

【碎言】

孔子把文王、武王和周公描绘成具有理想人格的人。当我们研究这样的描绘和这样的被描绘对象的时候，我们不仅需要看到表层的人物和事实，我们更要透视表层背后的主观意图和行为动机。孔子要建构的是一种完美而现实的理想世界，他的一切言行都可能围绕着他的主题核心而运行。

第十九章

【原文】

子曰："武王、周公，其达孝矣乎！夫孝者，善继人之志，善述人之事者也。春秋修其祖庙，陈其宗器，设其裳衣，荐其时食。宗庙之礼，所以序昭穆也；序爵，所以辨贵贱也；序事，所以辨贤也；旅酬下为上，所以逮贱也；燕毛，所以序齿也。践其位，行其礼，奏其乐，敬其所尊，爱其所亲，事死如事生，事亡如事存，孝之至也。郊社之礼，所以事上帝也。宗庙之礼，所以祀乎其先也。明乎郊社之礼、禘尝之义，治国其如示诸掌乎！"

【字词】

达孝，大家都认为他孝。述，继承，传承，传述。春秋，春天和秋天，古人多在春天和秋天祭祀，因此引申为祭祀的时节。宗器，宗庙祭祀时用的器物，此指先人收藏的重器。裳衣，先人留下的衣服。荐其时食，进献应时的食物；食，音 sì 四。昭穆，宗庙中神主的排列次序，始祖居中，二世、四世、六世祖居左侧，称昭位，三世、五世、七世祖居右侧，称穆位，以此类推。序爵，按照爵位高低排列；序，排列。序事，按具体职位排列顺序；事，职务。旅酬，祭礼结束后众人共同宴饮，酬谢宾客，相互敬酒；旅，众；酬，给客人敬酒。逮贱，祖先的恩惠施及下人；逮，及，到。燕毛，祭祀后宴饮时，按须发颜色排座次；燕，同宴；毛，须发。序齿，按年龄长幼排次序。践，登。郊社，祭祀天地，冬至祭天称郊，夏至祭地称社。禘尝，禘礼与尝礼，夏祭称禘，秋祭称尝。其，大概，大约。示诸掌，看放在手掌上的东西，表示容易而清楚明白。

【主旨】

本章主谈孝道礼仪。

【许译】

孔子说："周武王和周公，大概都是最孝的人了吧！所谓孝，就是善于继承先人的志向，善于传承前人的事业。每年春秋祭祀时修整祖庙，陈列祖先遗留的器物，摆设先人留下的衣裳，进献应时的食品。宗庙祭祀的礼制，是用来区分辈分的；把官爵排出来，是用来区别身份贵贱的；把各种职务排出来，是用来区分贤与不贤的；祭祀后轮流劝酒时，晚辈要向长辈敬酒，这是要让晚辈记住先辈的恩惠；宴饮时按照须发黑白排座次，这是用来区分长幼的。祭祀时站在自己该站的位置上，举行先王留下的祭礼，演奏先王留下的祭乐，向先王尊敬的人致敬，爱护先王所爱的人，侍奉死者就像他还在世一样，侍奉逝者就像他还存在，这是孝的最高层次了。祭祀天地的礼节，是用来侍奉上帝的。宗庙的祭礼，是用来祭祀祖先的。明白了祭祀天地祖先的道理，治理国家大概就像观看手掌上放的东西一样容易了。"

【碎言】

中国古代社会有着周期性崩溃的特征，这是有其深层的道理的。在古代，当政治开明时，社会就充满活性；当政治固化时，社会就锈蚀不灵；当礼仪适当时，社会就变得文明；当礼仪繁琐时，社会就僵化不堪；当新事物使人们觉得新鲜时，社会就充溢着期待；当周边总是老一套时，社会就渴望变革。

XH2017.3.16

过人的智慧提炼出来的思想，就象我们热恋时最隐秘的那个窗口，窗里灯光的明明灭灭，时刻牵动着我们脆弱的心脏，窗外的风风雨雨也时刻摇动着我们的心扉。这就是我们的人生。

第二十章

【原文】

哀公问政。

子曰："文武之政，布在方策。其人存，则其政举；其人亡，则其政息。人道敏政，地道敏树。夫政也者，蒲卢也。故为政在人，取人以身，修身以道，修道以仁。仁者，人也，亲亲为大。义者，宜也，尊贤为大。亲亲之杀，尊贤之等，礼所生也。（在下位不获乎上，民不可得而治矣。）故君子不可以不修身；思修身，不可以不事亲；思事亲，不可以不知人；思知人，不可以不知天。"

天下之达道五，所以行之者三。曰：君臣也，父子也，夫妇也，昆弟也，朋友之交也，五者，天下之达道也；知、仁、勇三者，天下之达德也；所以行之者，一也。或生而知之，或学而知之，或困而知之，及其知之，一也。或安而行之，或利而行之，或勉强而行之，及其成功，一也。

子曰："好学近乎知，力行近乎仁，知耻近乎勇。知斯三者，则知所以修身；知所以修身，则知所以治人；知所以治人，则知所以治天下国家矣。"

凡为天下国家有九经，曰：修身也，尊贤也，亲亲也，敬大臣也，体群臣也，子庶民也，来百工也，柔远人也，怀诸侯也。修身则道立，尊贤则不惑，亲亲则诸父昆弟不怨，敬大臣则不眩，体群臣则士之报礼重，子庶民则百姓劝，来百工则财用足，柔远人则四方归之，怀诸侯则天下畏之。

齐明盛服，非礼不动，所以修身也。去谗远色，贱货而贵德，所以劝贤也。尊其位，重其禄，同其好恶，所以劝亲亲也。官盛任使，所以劝大臣也。忠信重禄，所以劝士也。时使薄敛，所以劝百姓也。日省月试，既廪称事，所以劝百工也。送往迎来，嘉善而矜不能，所以柔远人也。继绝世，举废国，治乱持危，朝聘以时，厚往而薄来，所以怀诸侯也。凡为天下国家有九经，所以行之者一也。

凡事豫则立，不豫则废。言前定则不跲，事前定则不困，行前定则不疚，道前定则不穷。

在下位不获乎上，民不可得而治矣。获乎上有道：不信乎朋友，不获乎上矣。信乎朋友有道：不顺乎亲，不信乎朋友矣。顺乎亲有道：反诸身不诚，不顺乎亲矣。诚身有道：不明乎善，不诚乎身矣。

诚者，天之道也；诚之者，人之道也。诚者，不勉而中，不思而得，从容中道，圣人也。诚之者，择善而固执之者也。

博学之，审问之，慎思之，明辨之，笃行之。有弗学，学之弗能，弗措也；有弗问，问之弗知，弗措也；有弗思，思之弗得，弗措也；有弗辨，辨之弗明，弗措也；有弗行，行之弗笃，弗措也。人一能之，己百之；人十能之，己千之。果能此道矣，虽愚必明，虽柔必强。

【字词】

哀公，春秋时鲁国国君。姓姬，名蒋，谥号哀。布，陈列。方，书写用的木板。策，书写用的竹简。其人，指文王、武王。息，灭，消失。敏，迅捷。蒲卢，蒲草和芦苇。蒲草和芦苇柔软并生长迅速。亲亲，前一亲为动词，亲近，亲爱，后一亲为名词，亲人。杀，音 shài 晒，降等，减少。在下位，不获乎上，民不可得而治矣，此句疑为重置，或应在下文中。达道，古往今来共同遵循的道理。昆弟，兄弟，也包括堂兄弟；昆，兄。达德，古往今来共有的道德。为，治理。九经，九条准则。体，体察。子庶民，以动用法，以……为子，以庶民为子。来，招来。百工，各种工匠；百，不是确数，言其多。柔远人，抚慰远方来的人。怀，安抚。不眩，不迷惑。报，回报。劝，勉励。齐，音 zhāi 斋，同斋，斋戒沐浴。明，身心洁净。盛服，身穿盛装。谗，说他人坏话，此指说坏话的人或场所。官盛任使，官员众多，足够差使。时使，役使民众应不误农时。薄敛，赋税轻。省，省察。试，考试。既禀称事，按做事多少发给薪俸；既，音 xì 细，通饩，肉食；禀，音 lǐn 领，粮食。矜，怜悯，同情，宽容。继绝世，延续已经中断的家族世系；绝世，有爵位封地却无子孙的贵族。举废国，复兴已经废除的国家；废国，子孙还在却丧失了土地的国家。持，扶持。朝聘，诸侯定期朝见天子，每年一见叫小聘，三年一见叫大聘，五年一见叫朝聘；朝，音 cháo 潮；又说，朝为诸侯定期朝见天子；聘为天子与诸侯之间，或诸侯之间，派使者问候。豫，通预，准备，预备。跲，音 jiá 夹，绊倒，此指说话不畅。疚，悔恨。获乎上，获得上级的信任。审问，审慎地了解。弗，不。措，停止，罢休。知，了解。得，融会贯通。

【主旨】

本章主谈为政、修身。

【许译】

鲁哀公向孔子询问政事。

孔子说："周文王和周武王的政令，都已经记录下来了。如果这样的贤者还活着，那么他们的政令就能施行；如果他们不在世了，这些政令也就废弃了。贤人施政，政令就能迅速施行；沃土植树，树木就能迅速成长，就像蒲草和芦苇一样落地即生。所以政事的成败在于能否得到贤人，得到贤人的帮助在于君主自身的修行，修行在于遵从道德，遵从道德在于以仁为本。仁就是亲爱他人，亲爱亲人是最大的仁。义就是适宜，尊重贤人是最大的义。对待亲人要分亲疏，尊敬贤人要分等次，礼就因此产生了。所以君子不可以不修身。想要修好身，不可以不侍奉好亲人；想要侍奉好亲人，不可以不知道人的特点；想要知道人的特点，不可以不了解天理。"

天下普适的大道理有五种，用来实行这五种大道理的美德有三种。君臣之道、父子之道、夫妇之道、兄弟之道、朋友之道，这五种是天下普适的大道理；智、仁和勇，是天下普适的美德；用这三种美德去实行那五种大道理，方法都是一样的。有人生下来就知道，有人学习后知道，有人困惑后知道，只要他们最终知道了，就都是一样的了。有人从容不迫地实行，有人为利益去实行，有人勉强去实行，只要他们成功了，就都一样了。

孔子说："喜欢学习就接近智了，努力行善就接近仁了，知道羞耻就接近勇了。明白这三点，就明白怎样修身了；明白怎样修身，就明白怎样治理百姓了；明白怎样治理百姓，就明白怎样治理天下和国家了。"

凡是治理天下和国家，有九条准则，叫作：修养自身，尊敬贤明，亲爱亲人，尊敬大臣，体谅群臣，爱民如子，招纳工匠，善待外来人口，安抚诸侯。修养自身，大道就建立了；尊敬贤明，民众就不会迷惑；亲爱亲人，父亲、兄弟就不怪罪；尊重大臣，官员就不会困惑；体恤群臣，士人就会加倍回报；爱民如子，百姓就会努力勤勉；招纳各种工匠，财政就会充足；善待外来人口，四方就会归顺；安抚诸侯，天下就会敬畏。

像斋戒那样净心盛服，不做不合礼节的事情，这是修身的准则。远离谗言女色，看轻财物看重德行，这是勉励贤人的方法。尊重亲人的地位，重视亲人的官职，和他们有共同的喜好和厌恶，这就是勉励亲人的办法。多设属官任其使用，这就是激励大臣的方法。讲究忠信提高俸禄，这是奖励士人的政策。役民不误农时，减轻赋税，这就是鼓励百姓的办法。每天省察，每月检试，按照是否称职胜任发给薪酬，这就是鼓励工匠们的做法。欢送走的，欢迎来的，奖励能人又不让才能平平的人失落，这就是善待外来人口的方法。延续衰微的家族，振兴将亡的国家，治理灾乱，扶持危难，按时朝见，互派使臣，赠送丰厚，收取微薄，这就是安抚诸侯的原则。凡是治理天下和国家，有九条准则，而实行这些准则的方法都是一样的。

所有的事有准备就能成功，没有准备就会失败；说话前想好了怎么说就会通畅，做事前想好了怎么做就不会困惑，行动前想好了怎么办就不会后悔，走路前想好了怎么走就不会无路可走。

下级官员不获得上级的信任，就不能治理好百姓。获得上级的信任是有方法的：得不到朋友的信任，就得不到上级的信任。得到朋友的信任是有方法的：不孝顺父母，就得不到朋友的信任。孝顺父母是有方法的：反省自身如果不真诚，那就是不孝顺父母。真诚自身是有方法的：不明白善是什么，自身就不能做到真诚。

真诚，是上天的道理；追求真诚，是人间的道理。真正诚实的人，不用勉强就能符合，不用多虑就能拥有，悠然从容就以中为用，这就是圣人啊。用心做到真诚，就是要选择善道并且固守坚持。

广博地学习，审慎地了解，谨慎地思考，清楚地辨别，努力地施行。除非不学，学了不会不要停止；除了不问，问了不知不要放弃；除了不想，想了没想通不要放弃；除了不分辨，分辨了还不清楚不要停止；除了不做，做了不到位不要放弃。别人一次就能做到的，自己用上百次去做到；别人十次就能做到的，自己用千次去做到。假如真能做到这样，虽然愚钝也一定会变聪明，虽然柔弱也一定会变坚强。

【碎言】

曾看见几句生活总结，叫作："有原则不乱，有计划不忙，有预算不穷。"觉得十分精彩！今天重温这一章，恍然觉得这格言警句，有可能受到了《中庸》这种句式及思想的启示。但这警句仍然是自得和创新的。我们常常能在许久以后，意外地看到一些精彩话语的偏僻"出处"。由此我们知道，人类的智慧，都是相互启发、接续传承的。

第二十一章

【原文】

自诚明，谓之性；自明诚，谓之教。诚则明矣，明则诚矣。

【字词】

自，由，从。则，即，就。

【主旨】

本章主谈诚明。

【许译】

由真诚自然明白了道理，这叫作天然的天性；由明白道理再达到真诚，这叫作人为的教化。天性真诚就能明白道理，明白道理就能性情真诚啊。

【碎言】

有点像文字游戏，但这是相互映衬。《中庸》作者承袭了孔子的人性善及可教化的思想。以下各章则反复阐释本章思想。

第二十二章

【原文】

唯天下至诚，为能尽其性；能尽其性，则能尽人之性；能尽人之性，则能尽物之性；能尽物之性，则可以赞天地之化育；可以赞天地之化育，则可以与天地参矣。

【字词】

唯，独，只有。至诚，至诚的人，此指圣人或贤人；至，极，最。尽其性，充分张扬发挥本性；尽，竭尽。赞，赞助。化，化生。育，培育，养育。与天地参，与天地并列为三；参，并列。

【主旨】

本章主谈诚意。

【许译】

只有天下最真诚的人，才能充分展现自己的天性；能够充分展现自己的天性，就能充分发挥别人的天性；能够充分发挥别人的天性，就能充分发挥天下万物的天性；能够充分发挥天下万物的天性，就可以帮助天地感化教育生命；能够帮助天地感化教育生命，就可以和天地并列为三了。

【碎言】

因果链最终导向天地人的并列。《道德经》第二十五章说，天大，地大，人亦大，域中有四大，而人居其一焉；人法地，地法天，天法道，道法自然。人非中心，人仅为域中四大之一。或人非中心，人仅为天地人之一。

第二十三章

【原文】

其次致曲，曲能有诚。诚则形，形则著，著则明，明则动，动则变，变则化，唯天下至诚为能化。

【字词】

其次，次一等的人，即次于能够“自诚明”的圣人的人。致，致力于。曲，局部，细微之处。形，指表现，显现。著，显著。明，光明。动，感动，感化。变，变革，指人心改变。化，感化。形，著，明，或针对自身而言；动，变，化，或针对他者而言。

【主旨】

本章主谈次诚。

【许译】

比最真诚的人次一等的人，从诚实的一个方面做起，也能做到真诚。

做到了真诚就会表现出来，表现出来后就会逐渐显著，逐渐显著后就会发扬光大，发扬光大后就会感动万物，感动万物后就会发生转变，发生转变后就会化育万物，只有天下最真诚的人能够化育万物。

【碎言】

降等以求，这是对天性稍次的人群而言的。因此诚明的道理对所有人都适用，哪怕是愚钝的人。天性稍次的人仅需努力，也能达到很高的层面。

第二十四章

【原文】

至诚之道，可以前知。国家将兴，必有祯祥；国家将亡，必有妖孽。见乎蓍龟，动乎四体。祸福将至：善，必先知之；不善，必先知之。故至诚如神。

【字词】

前知，预知未来。祯祥，吉祥的预兆，祯，音 zhēn 真。妖孽，物类反常的现象；草木之类称妖，虫豸（音 zhì）之类称孽。见，音 xiàn 现，同现，呈现。蓍，音 shī 诗，蓍草，用来占卜。龟，龟甲，用来占卜。四体，四肢。如神，如神一般神妙、灵验，难以言明。

【主旨】

本章主谈至诚。

【许译】

最高的真诚，可以预知未来。国家将要兴盛，一定会有吉祥的征兆；国家将要衰亡，一定会有反常的现象。这些吉祥和不祥的征兆呈现在占卜的蓍草和龟甲上，表现在人体的动作上。祸福将要来临的时候：福，一定会预先知道；祸，也一定会预先知道。所以最高的真诚就像神灵一样可以预知未来。

【碎言】

万物皆有预兆，只有最高的真诚可以感知。

第二十五章

【原文】

诚者自成也，而道自道也。诚者物之终始，不诚无物。是故君子诚之为贵。诚者，非自成己而已也，所以成物也。成己，仁也；成物，知也。性之德也，合外内之道也，故时措之宜也。

【字词】

自成，自己成全自己，自我完善。自道，自我引导；道，音 dǎo 导，同导。成己，成全自己，完善自己。已，停止，结束。知，音 zhì 智，同智。时措，适时的措施。宜，适宜。

【主旨】

本章主谈诚己及物。

【许译】

真诚是自我成就自我完善的，道是自我引导的。真诚贯穿于事物的始终，没有真诚就没有万物。因此君子把真诚看成是最宝贵的品质。但是，真诚不是自我完善就可以了，还应该汲养成就万物。自我完善是仁德，成全万物是智慧。修己及物这种行为本是出自天性的德行，结合了外物与自身的融汇之道，因此适时施行都是适宜的。

【碎言】

诚己及人，善己及人，修己及物，都是说由内而外的影响。只有做好自己，才能影响他人；只有完备自己，才能善及他人；只有修造自己，才能调教他人；只有塑造自己，才能塑造他人及社会。

第二十六章

【原文】

故至诚无息。不息则久，久则征，征则悠远，悠远则博厚，博厚则高明。博厚，所以载物也；高明，所以覆物也；悠久，所以成物也。博厚配地，高明配天，悠久无疆。如此者，不见而章，不动而变，无为而成。

天地之道，可一言而尽也：其为物不贰，则其生物不测。天地之道：博也，厚也，高也，明也，悠也，久也。今夫天，斯昭昭之多，及其无穷也，日月星辰系焉，万物覆焉。今夫地，一撮土之多，及其广厚，载华岳而不重，振河海而不泄，万物载焉。今夫山，一卷石之多，及其广大，草木生之，禽兽居之，宝藏兴焉。今夫水，一勺之多，及其不测，鼋鼍蛟龙鱼鳖生焉，货财殖焉。

《诗》云："维天之命，於穆不已！"盖曰天之所以为天也。"於乎不显，文王之德之纯！"盖曰文王之所以为文也，纯亦不已。

【字词】

无息，不间断，不止息。征，验证，表现于外。悠，不急迫。载物，负载万物。覆物，覆盖万物。成物，成就万物。配，匹配，配合。无疆，没有尽头。见，音 xiàn 现，同现，显现。章，彰显。一言，一字，或一句，这里指诚。为物，即造物；物，事物。不贰，无二，不重复。生物，滋生万物。不测，不可测度。斯，就是。昭昭，小小的光明。系，悬挂。华岳，华山。振，整治，规束。一卷石，一拳大的石头；卷，音 quán 拳，通拳。鼋，音 yuán 元，大鳖。鼍，音 tuó 驼，鳄鱼的一种，即扬子鳄。货财，财物；货，指珠宝一类物品；财，指鱼盐一类物品。殖，生殖，繁殖。於，音 wū 乌，感叹词。穆，肃穆，壮美。不已，不停止，不停息。於乎，同呜呼。不显，光明盛大；不，音 pī 批，通丕，大。纯，纯粹。

【主旨】

本章主谈至诚与天地。

【许译】

所以至诚是永不停息的，永不停息就能长久保持，长久保持就能显露在外，显露在外就能悠久长远，悠久长远就能广博敦厚，广博敦厚就能高大光明。广博敦厚就能承载万物；高大光明就能覆盖万物；悠久长远就能成就万物；广博敦厚与地匹配，高大光明与天匹配，悠久长远则无边无界。做到这样的至诚，不刻意表现也会彰显，不刻意行动也会变化，不刻意作为也能事成。

天地的规则，用一个“诚”字就能完全概括：天地造物诚一不二并不重复，那么它化育万物就深不可测了。天地的法则是：广博，深厚，高远，明亮，悠长，久远。天初始由小小的亮点组成，但到它无际无涯时，日月星辰都挂在上面，天下万物都被它覆盖。地初始也就一撮土那么多，但到它广博敦厚时，承载着华山不觉得沉重，容纳大河大海也不会泄漏，世间万物都由它承载着。山初始只是一个拳头那么大的石块，到它宽阔高大时，草木在山上生长，禽兽在山间居住，宝藏在山里产生。水初始只有一勺那么多，到它宽阔无边时，各种水族都在水里生长了，各种财物都在水里增加了。

《诗经·周颂·维天之命》说："上天的运数啊，肃穆壮美，运转不息!"这大约是说天之所以成为天的道理吧。这首诗又说："多么显著光明啊，文王的品德纯正洁净!"这大概是说文王之所以成为文王的道理吧，他的纯正也没有穷尽的时候。

【碎言】

有至诚则永不停息。至诚可以自静，可以自信，可以自控，可以自愈，可以自享，可以自燃，可以敦厚万物，可以悠久广远，可以覆盖万物，可以光明无边。

第二十七章

【原文】

大哉圣人之道！洋洋乎！发育万物，峻极于天。优优大哉！礼仪三百，威仪三千，待其人而后行。故曰苟不至德，至道不凝焉。故君子尊德性而道问学，致广大而尽精微，极高明而道中庸。温故而知新，敦厚以崇礼。是故居上不骄，为下不倍。国有道，其言足以兴；国无道，其默足以容。《诗》曰："既明且哲，以保其身。"其此之谓与？

【字词】

大哉，赞美语，相当于"伟大啊"。洋洋，广大，充盈。峻极，非常高，高峻到极点。优优，丰富充裕。礼仪，指冠婚丧祭等大礼规，又称经礼。威仪，指接人待物、礼仪动作等小礼规。苟不至德，假如没有极高的德行；苟，如果，假如。凝，凝聚，集中。尊德性，尊崇上天赋予的道德本性。道问学，通过询问和学习，道，经由，以……方法或路径。致，至，致力于，达到。尽精微，穷尽而达致精微之处。极，极致，达到最高。高明，高等的境界。道中，遵循中庸；道，遵循；中，中庸之道。倍，通背，背离，违背，背叛。默，沉默。容，容身。明，明白，通晓事理。哲，智慧，思想。

【主旨】

本章主谈圣人之道。

【许译】

伟大啊圣人之道！浩瀚无涯！生养万物，像天一样高峻至极。丰富宏大呀！大的礼规有三百条，小的礼规有三千条，都要等待圣人出现后来施行。所以说如果没有最高的德行，最高的道就不能凝聚。因此君子尊崇道德本性而追求学问，达到广大而又精微的境界，达到高明而又中庸的状态。温习已知的知识从而获得新知识，敦厚笃实而崇尚礼节。因此居于上位而不骄傲，处于下位而不弃礼。国家太平时，他的言论足以兴邦；国家昏暗时，他的沉默能为社会所容。《诗经·大雅·烝民》说："既明白又智慧，就可以保全自身。"大概就是说的上面的意思吧。

【碎言】

这是颂歌一样的文字。既明白又智慧，大概是人生的最高境界。明白了而不智慧，显得小聪明；智慧了而不明白，就会不合时宜；既明白且智慧，虽然无关乎地位、等次、排序、前后、轻重，却能使人生轨迹变得清晰而明了。糊涂的人生毕竟是烦恼丛生、苦闷不尽的。

第二十八章

【原文】

子曰：“愚而好自用，贱而好自专，生乎今之世，反古之道。如此者，灾及其身者也。”非天子，不议礼，不制度，不考文。今天下车同轨，书同文，行同伦。虽有其位，苟无其德，不敢作礼乐焉；虽有其德，苟无其位，亦不敢作礼乐焉。子曰：“吾说夏礼，杞不足征也；吾学殷礼，有宋存焉；吾学周礼，今用之，吾从周。”

【字词】

好，音 hào 好，喜好，喜欢。自用，刚愎自用，自以为是。贱，卑贱，此指地位低下的人。自专，独断专行。反，同返。议礼，议制礼仪。制度，制定法规。考文，考订规范文字。车同轨，车的轮距相同。书同文，用同一种文字书写记录。行同伦，用相同的伦理道德规范行为。说，音 yuè 悦，同悦，喜欢，赞美；或音 shuō 说，述说，谈论。夏礼，夏朝的礼制。杞，古代国名，在今河南杞县，据说周武王将禹的后代封于杞。征，验证。殷礼，殷朝的礼法。宋，古代国名，今河南商丘，据说商汤的后代居于宋。周礼，周朝的礼规。从，遵从。

【主旨】

本章主谈当下、守规。

【许译】

孔子说："愚昧却喜欢自以为是，卑贱却喜欢独断专行，生在当下却想恢复古代规制。这样做，灾祸一定会降临到他身上。"不是天子，就不要议订礼制，不要制定法规，不要考订文字规范。现在天下，车子的轮距相同，书写的文字统一，实行的伦理相同。虽然有相当的地位，如果没有相应的德行，是不敢制定礼乐规范的；虽然有相当的德行，如果没有相应的地位，也是不敢制作礼乐规范的。孔子说："我赞美夏朝的礼制，但是夏的后代杞国不能提供足够的证据；我学习殷朝的礼制，殷的后裔宋国还残存了一部分殷礼；我学习周朝的礼法，现在还在实行，我遵从周礼。"

【碎言】

车同轨，书同文，行同伦，或为秦或秦后的文字，这就让人感觉此章的说服力大为减弱。如果我们删去相关可疑文字，整章意思并无翻天覆地的改变。由此可见，威望、崇敬和信任，都只是一种心里的感受，并不是所谓的事实。

第二十九章

【原文】

王天下有三重焉，其寡过矣乎！上焉者，虽善无征，无征不信，不信民弗从。下焉者，虽善不尊，不尊不信，不信民弗从。

故君子之道，本诸身，征诸庶民，考诸三王而不缪，建诸天地而不悖，质诸鬼神而无疑，百世以俟圣人而不惑。质诸鬼神而无疑，知天也；百世以俟圣人而不惑，知人也。是故君子动而世为天下道，行而世为天下法，言而世为天下则。远之则有望，近之则不厌。

《诗》曰："在彼无恶，在此无射。庶几夙夜，以永终誉。"君子未有不如此而蚤有誉于天下者也。

【字词】

王天下，统治天下，称王天下；王，音 wàng 旺，动词，称王。三重，此指上章说的三件事，即礼仪、制度、考文。寡，少。过，过错，错误。

上焉者，指夏朝的礼制；或指在上位的人。无征，没有验证。下焉者，指殷朝的礼制；或指居下位的人；或指孔子。不尊，没有尊贵的地位。本诸身，本来源于自身。征诸庶民，从民众那里得到验证；征，验证。考，考证，参考。三王，指夏、商、周三代君王。缪，音 miù，通谬，谬误。建，建立。悖，背离，违背。质，问，质问。俟，音 sì 四，等，待。百世，极言其多；世，一世为三十年。动，语言行为。道，音 dǎo 导，同导，先导，引导。行，行为。法，法则，规范。则，准则。有望，有仰望之心；望，威望。射，音 yì 译，厌烦，厌弃。庶几，几乎，差不多。夙夜，早晚，指早起晚睡；夙，音 sù 素，早。永，永远。终，音 zhòng 众，通众。蚤，早，早早。

【主旨】

本章主谈成事、人事与实践。

【许译】

治理天下如果能做好制定礼仪、法度、文字规范这三件重大的事，过失就会很少了！夏朝的制度虽然好，但得不到验证，得不到验证就不能让人信服，不能让人信服民众就不会遵从。宋国留存的殷礼虽然好，却没有尊贵的地位，不尊贵就不能让人信服，不能让人信服民众就不会遵从。

所以君子遵循的道理，源于自身，还要在普通百姓那里验证，考察夏、商、周三代先王的礼制以便自己不犯错误，建立在天地法则之上而不与之相悖，质询于鬼神而没有疑问，百世以后等到圣人出现也不会困惑。质询于鬼神而没有疑问，这是知晓天道；百世以后等到圣人出现也不会困惑，这是了解人事。因此君子的举动能成为世世代代遵从的标准，君子的行为能成为世世代代遵从的规范，君子的言论能成为世世代代遵从的法则。离君子远的人仰望他，离君子近的人不会厌烦他。

《诗经·周颂·振鹭》说："在那边没有人厌恶，在这里没有人讨厌。

尽量能够早起晚睡，以便永远获得百姓的称誉。”君子从来没有哪个不这样做却早早享誉天下的。

【碎言】

这说的是理论与实践相结合。君子遵循的道理出于自身，还要接受实践的检验。实践在我们的认识水平能够达到的时候是检验真理的标准，实践在我们的认识水平尚无法达到的时候就暂时不是检验真理的标准了，只能待以后的实践来检验。

第三十章

【原文】

仲尼祖述尧、舜，宪章文、武，上律天时，下袭水土。辟如天地之无不持载，无不覆帱；辟如四时之错行，如日月之代明。万物并育而不相害，道并行而不相悖。小德川流，大德敦化，此天地之所以为大也！

【字词】

祖述，效法，遵从前人学说或行为。宪章，效法，遵循。律，遵从，符合。袭，符合。辟，通譬。覆帱，覆盖；帱，音 dào 到。错行，交错运行，流动不已。代明，交替光明，循环变化。敦化，慈祥敦厚，化生万物。

【主旨】

本章主谈传承。

【许译】

孔子遵循尧、舜之道，效法文王、武王，上遵从天时，下符合地理。就像天地那样没有什么不能承载，没有什么不能覆盖；就像四季交错运行，就像日月交替照耀。万物同生共长互不妨害，天地运行各依其规不相冲突。小的德行像河流一样长流不息，大的德行慈祥敦厚，化生万物，这就是天地伟大的原因啊！

【碎言】

胡适在《三侠五义》的序中说："历史上有许多有福之人：一个是黄帝，一个是周公，一个是包龙图。上古有许多重要的发明，后人不知道是谁发明的，只好都归到黄帝的身上，于是黄帝成了上古的大圣人。中古有许多制作，后人也不知道究竟是谁创始的，也就都归到周公的身上，于是周公成了中古的大圣人，忙得不得了，忙得他'一沐三握发，一饭三吐哺'！这种有福的人物，我曾替他们取个名字，叫做'箭垛式的人物'；就同小说上说的诸葛亮借箭时用的草人一样，本来只是一扎干草，身上刺猬也似的插着许多箭，不但不伤皮肉，反可以立大功，得大名。"

后人要树立典范，就把好事都安在某个前人身上，反正前人也无可反抗。这都是后人的狡黠和伎俩。

第三十一章

【原文】

唯天下至圣，为能聪明睿知，足以有临也；宽裕温柔，足以有容也；发强刚毅，足以有执也；齐庄中正，足以有敬也；文理密察，足以有别也。溥博渊泉，而时出之。溥博如天，渊泉如渊。见而民莫不敬，言而民莫不信，行而民莫不说。是以声名洋溢乎中国，施及蛮貊。舟车所至，人力所通，天之所覆，地之所载，日月所照，霜露所队，凡有血气者，莫不尊亲，故曰配天。

【字词】

至圣，最高的圣人，道德智慧最高的人；至，最高，顶级。聪明睿知，聪，听力敏锐；明，目光犀利；睿，思想敏捷；知，同智，知识广博。临，居上对下。宽裕温柔，宽广舒裕，温和柔顺。容，包容。发强刚毅，奋发强健，刚劲坚毅。执，固守，决断。齐庄中正，整齐庄重，公正平直。文理密察，文章条理，详密明辨。溥博，周遍广远；溥，音 pǔ 普。时出，随时显现在外。见，音 xiàn 现，同现，显现。说，音 yuè 悦，同悦，喜欢，高兴。蛮貊，古代指边远之地的少数民族；蛮，南方少数民族；貊，音 mò 默，北方少数民族。队，音 zhuì 坠，同坠。尊亲，尊敬亲爱。配天，与天匹配。

【主旨】

本章主谈至圣贤人。

【许译】

只有天下最圣贤的人，才能做到既聪明又睿智，能够居于上位治理百姓；宽阔广远，温和柔顺，能够兼容并蓄；奋发强健，刚劲坚毅，能够决断天下大事；周整庄重，公平正直，能够赢得尊敬；文章条理，细密详察，能够分辨差别。圣人广博深厚，随时显现在外。广博如天，深厚如渊。他现身时，百姓没有不崇敬的，他说的话百姓没有不相信的，他做的事，百姓没有不高兴的。因此他的声名广布在中原大地，并影响至南蛮北貊等边远地区。舟车能够到达的地方，人力能够施及的地方，天空能够覆盖的地方，大地能够承载的地方，日月能够照到的地方，霜露能够坠落的地方，有血有气的生物，没有不尊敬亲爱他的，所以说圣人的美德可以与天匹配。

【碎言】

至圣贤人真是完美无缺的。世界上并没有这样的人，或只有接近的及类似的人。这是最高标准。如果真能遇见这样的人，那就二话不说，只能崇拜了！

第三十二章

【原文】

唯天下至诚，为能经纶天下之大经，立天下之大本，知天地之化育。夫焉有所倚？肫肫其仁！渊渊其渊！浩浩其天！苟不固聪明圣知达天德者，其孰能知之？

【字词】

至诚，极诚，最诚。经纶，纺织之前整理丝缕，引申为创立、整理出治理国家的规制规则；纶，音 lún 伦。大经，最高规范；经，纺织的经线，引申为常规、常理。大本，最根本。倚，倚靠。肫肫，诚挚的样子；肫，音 zhūn 谆。渊渊，静而深的样子。浩浩，广大的样子。固，本来，真实，实在。

【主旨】

本章主谈至诚之人与大经。

【许译】

只有天下最真诚的人，才能整理出治理天下的基本规则，才能创立治理天下的根本依据，才能明白天地化育万物的道理。这样的人哪里需要倚靠什么呢？他的仁德是那样诚挚！他的状态或思想是那样渊深！他的胸怀或视野像天空一样广远！如果不是天性睿智通达天然美德的人，又怎能明白知晓这一切呢？

【碎言】

还是把先天放到后天之上、把天赋放到努力之上了。这是对暂且还估摸不透的天赋之力发自内心的颂扬。

第三十三章

【原文】

《诗》曰："衣锦尚䌹。"恶其文之著也。故君子之道，暗然而日章；小人之道，的然而日亡。君子之道，淡而不厌，简而文，温而理，知远之近，知风之自，知微之显，可与入德矣。

《诗》云："潜虽伏矣，亦孔之昭！"故君子内省不疚，无恶于志。君子之所不可及者，其唯人之所不见乎！

《诗》云："相在尔室，尚不愧于屋漏。"故君子不动而敬，不言而信。

《诗》曰："奏假无言，时靡有争。"是故君子不赏而民劝，不怒而民威于鈇钺。

《诗》曰："不显惟德，百辟其刑之。"是故君子笃恭而天下平。

《诗》云："予怀明德，不大声以色。"子曰："声色之于以化民，末也。"

《诗》曰："德輶如毛。"毛犹有伦。"上天之载，无声无臭。"至矣！

【字词】

衣，穿衣。锦，此指色彩艳丽的衣服。尚，加。絅，音 jiǒng，麻布制的罩在外面的单衣。恶，音 wù 务，讨厌，厌恶。著，鲜明，耀眼。暗然，隐而不露的样子。日章，日益彰显；章，同彰。的然，鲜明、显著的样子；的，音 dì 地。入德，进入道德境界。潜虽伏矣，潜在的、内心的、隐藏的想法。孔，甚，很。昭，显著，明显。无恶于志，无愧于心；恶，邪念；志，内心想法。及，赶上。相，注视。尔室，你的房屋，此指独处；尔，你；室，房屋。不愧于屋漏，不在暗处起坏心，做坏事；屋漏，或指室内西北角，有说古代常在那里开天窗引入光线。不动，没有举动。敬，敬畏。不言，没有说话。信，相信。奏假无言，内心默默祈祷；奏，进奉；假，感动；无言，默默无声。靡，没有。争，争执。不赏而民劝，不用赏赐就能让民众勉力向善。𫓧钺，音 fū 夫 yuè 月，古代执行军法时用的斧子。不显，大显，充分显示；不，音 pī 批，通丕，大。百辟，众多诸侯；辟，音 bì 壁，诸侯。刑，通型，示范，仿效，效法。怀，怀念，思念。以，与。色，严厉的脸色。輶，音 yóu 油，轻。毛，羽毛。伦，比，比较。载，事。臭，音 xiù 秀，气味。

【主旨】

本章主谈修心、内秀与慎独。

【许译】

《诗经·卫风·硕人》说："里穿锦缎，外罩麻衣。"这是由于讨厌锦衣过于招眼。所以君子遵循的理念，是表面不显却日益彰明；小人遵循的理念，是显露无遗却日渐衰亡。君子遵循的理念，是平淡却不惹人生厌，是简朴又有文采，是温和又有条理，是明白远源于近的道理，是知道风从哪里吹来，是知道显源于隐的道理，因此就能够进入德的境界了。

《诗经·小雅·正月》说："虽然潜伏在水底，也被看得一清二楚。"因此君子反省时不内疚，因为内心没有不好的想法。君子的品德之所以高于他人，大概就在于这些别人看不见的地方吧！

《诗经·大雅·抑》说："有许多目光注视着你的居室，不起坏念头因而问心无愧。"因此君子还没行动就使人敬畏，还没说话就使人相信。

《诗经·商颂·烈祖》说："祭祀时内心默默地祈祷，静穆无言没有争执。"所以君子不赏赐百姓也会相互勉励，不发怒百姓也会比见到斧钺还要敬畏。

《诗经·周颂·烈文》说："显赫的美德，诸侯都会仿效。"所以，君子笃实恭敬天下就能太平。

《诗经·大雅·皇矣》说："我怀念文王美德，不必严声厉色。"孔子说："用严声厉色的方法去教化百姓，是最不值得提倡的下策末节。"

《诗经·大雅·烝民》说："道德的教化轻如羽毛了无痕迹。"羽毛有形有重还是可比的，还不足以比喻美德的教化。

《诗经·大雅·文王》说："上天承载化育万物，没有声音没有气味。"这才是最好的状态呀！

【碎言】

在众人面前一样，独处时还要那样，因此要谨慎地独处。

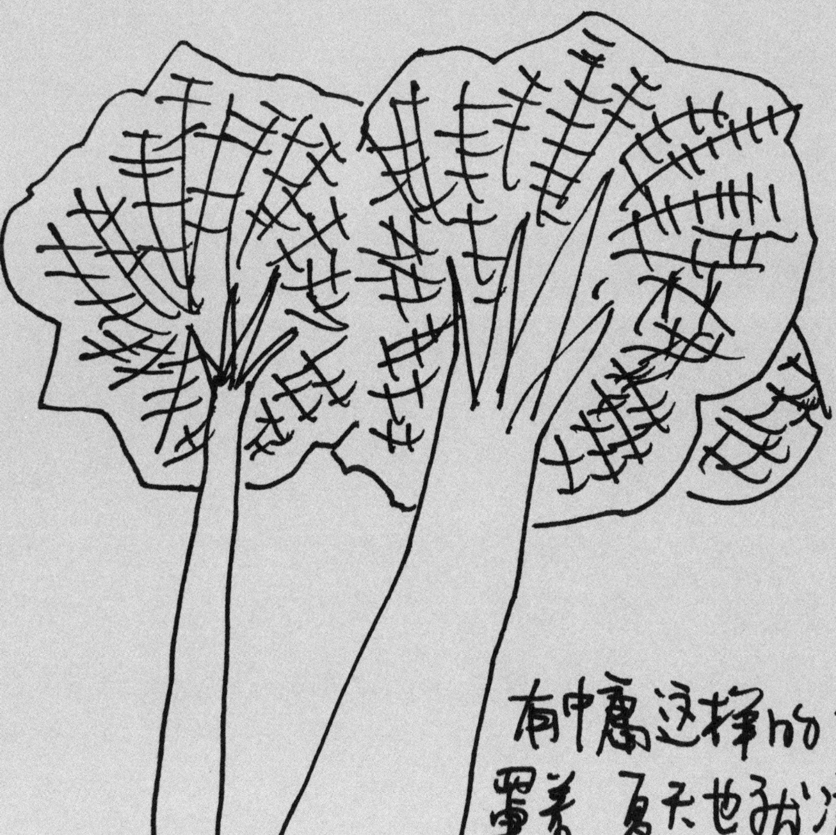

有中意这样的大树
罩着，夏天也就凉爽
了。XH 2017年5月28日

《中庸》边缘

思想到底是怎样产生的？

思想到底是怎样产生的，思想体系到底是怎样产生的？我们可能习惯于认为，思想和思想体系，是从学术著作里体现和产生的，学术文本才是思想和思想体系的母体。但往往并非如此。例如儒家的思想和思想体系被认为产生于《周易》《诗经》《论语》等早期原典中，但《周易》是卜筮之书，没有任何思想、道德字眼；《诗经》则是文学书，更以意境形象见长，治理不了社会；《论语》里虽然有许多关于仁、义、礼、忠、信等言论，可更多的却是关于衣食住行及日常行为的记载。因而我们知道了，思想恰恰不产生在关于思想的著作里。那些关于衣食住行及日常行为的记载，才是思想和思想体系赖以孕育、产生的母体；那些弥漫在字里行间的生活气息，就是思想和思想体系。文学形象大于思想的法则，也同样适用于哲学、政治学和社会学领域。

极有耐心

就几千年历史经验看，整个中华民族是有条件极有耐心地把时间看成一种极其缓慢的过程的，这个共同体似乎知道等得起以及怎样等，知道怎样稳得住以及怎样稳。这是有厚实的文化积淀作根基的：在数千年可考、可察、可观、可感的文化遗产面前，所有中国人都明白一切都已了然，一人一世永远是微不足道的，一人一世永远只是局部而不是全部，一朝一代也永远只是部分而不是全部，失败和荣耀后面永远会有更大的失败和荣耀，今后发生的状况虽然内容不定，但总体和全部早已被规定了边界，不会脱轨而去。当然，我觉得上述这段话只有进入 21 世纪之后说才不是错误，因为此前的一个多世纪我们正是由于把长处变成了短处，把自信变成了顽固，把优势变成了劣势，把从容变成了懈怠，才遭受了空前绝后的挫败。

社会困境

社会困境主要体现在个人利益与群体利益之间。例如在一个牧场上，当所有人都想达到个人利益最大化而增加自己的牲畜养殖量的时候，这个牧场最终会因过度放牧而崩溃。但群体利益或不利益并不是抽象的，经常会由个人出面承担。当每一个人想要增加或已经增加牲畜养殖量时，首先压缩的是周边人群的利益，而不是整个群体的利益，他增加牲畜的压力要由周边的他人来承担。但他最终压缩的则是群体中全体成员的利益。

不过，简化的理论是一回事，复杂的社会又是一回事。但简化的理论能够使我们更好地认识复杂的社会，这或许是有用的。

人性自利的观点认为“不断进取”的文化本能会永远存在。人性利他的观点则认为人总能控制住自己的冲动和获取心。中庸说则呈现了另一种可供选择的路径和办法，帮助人们解决个人利益与群体利益之间的矛盾，为社会困境提供了一个新的解决工具。

为思考和比照留下空间和时间

在庸俗化的理解中，可能、大概、也许、或许、似乎、应该等等表达不确定意思的词语，都可能与中庸说挂钩，因为人们可能会过于表面化地认为中庸就是和稀泥、两面好、都不得罪的代名词。这不是没有理由的。因为在一两千年的世俗生活中，无数思想、语言和悟性参差不齐的社会人，会把大量相关社会现象与此相关联，并做出通俗易懂的个人解读，这就使中庸的概念和内涵变得一片斑驳。我也曾经在数十年的生活中，有意无意地经常使用可能、大概、似乎、也许、应该等等表达不确定意思的词语。现在回忆起来，这种情况的出现，大概是我的确不能对某事表达肯定的意见，或可能是我的确不能对某事表明自信的看法，或也许是我养成了一种遇事不做明确表态的“中庸”习惯。但这似乎都不是深层原因。深层原因也许正是我的文化基因里包藏着对中庸之道用中及不偏不倚的守持。把中庸当作一种标准来固守时，遇事就容易以此为参考来比照。比照的过程是需要或长或短的时间的。因此在生活的对话中，这个人就需要用可能、大概、似乎、或许、应该、也许这些不表肯定的词语来延宕，以便为思考和比照留下空间和时间。

社会化

在社会学研究中，自然人是必须通过社会化途径转化成社会人的。相关顺序大致是：自然—社会化过程—社会人。人被社会化的过程从一出生就开始，一直到去世才结束。有些人甚至到去世了还结束不了，因为社会还在不停地塑造他、重造他、解读他、消费他。

一个人如果不社会化或不被社会化，在这个社会的视角里，后果会很严重。例如曾经被报道过的狼孩，他们出生后没有被社会化，因此人们不认同他的行为，甚至不认为他还是人，他成为人们眼中的稀罕物、异端。他的半夜嚎叫、生撕鸡肉、昼伏夜出等行为，都会被认为是非人类的，是需要被改造的，人类要对他进行社会化塑造，不然我们就看不惯他，不把他当作同类。

这只是生产方式或生活方式。在精神价值层面，一个人如果不社会化或不被社会化，后果也很严重。他可能成为非主流，可能被边缘化，可能穷困不堪，可能成不了社会楷模。

中庸则是社会化群体成员的一种工具。

绝对与相对

使用什么样的、哪一种价值判断体系去社会化一个人、一群人、一类人或整个人类，正是各个利益共同体激烈竞争的焦点。美国政治学家福山对西方价值评价系统已经在全球取得最终胜利的绝对化断言看来已不足取。这种情况的出现或许正是由于福山未能充分了解中庸思想的精到而导致的失误，因为他决定执于一端，而执于一端正是中庸文化的禁忌。中庸文化概念包罗万象。其他文化中当然也都有包罗万象的概念。每个文化都在使用自己包罗万象的概念。区别在于，有些文化包罗万象的概念被推广得更加广泛和深入人心，而有些概念则默默无闻，终致消失不见。

但绝对地认为福山的预言已经落空的看法也可能是不用中的。因为在不同语境和环境下，绝对的都可能是相对的，相对的也可能是绝对的。没有绝对的相对，也没有相对的绝对；这就像没有绝对的绝对，也没有相对的相对一样。绝对和相对，既处处存在，又从不存在，既到处显现，又从未显现。

群体的遵从

当中庸之道成为一种占据主流的思维方式的时候，人们一般都会遵从。这就像所有的思维方式一样，人们遵从的不是这种思维方式，而是希望成为主流的一部分，是出于一种被主流接纳的愿望。西方有一位学者罗门·阿希曾做过一个遵从实验。他在一张纸上画了一条线段，在另一张纸上画了三条线段，其中有一条与第一张纸上的线段一模一样，然后他让九个人来辨认这些线段。这九个人中的八个都是罗门·阿希的“托”，他们一致说出了错误的辨认，那位真正的实验者迫于被主流和多数接纳的内心压力，也做出了错误的辨认。这与《皇帝的新装》那个故事揭示的道理一致。孩子的无忌童言，是由于孩子们还没有社会化的遵从的概念。成人则因为已经从社会化中得到了太多的安全和情感好处，因而不愿意冒被主流观念遗弃的风险。没有哪种价值观或行为方式是十全十美、没有缺陷的。中庸文化也当如此。当中庸之道成为一种占据主导位置的思维方式的时候，人们必然都会有意无意地照做和遵从。这可能会导致既不出头不表态，也不肯定不否定的现象出现。但中庸之道的本意未必如此。中庸之道的本意是鼓励人们认真和努力地去辨别、选择最佳时机、方式和轻重，但多数人习惯了遵从和轻巧，他们不愿意，或没有能力去做更加细致的辨别。

以中庸的方式行事

我经常会把中庸思想看作意识形态的一部分。作为意识形态的一部分，如果意欲在广泛的社会层面上产生真正的影响，就要具备产生社会集合行为的能力。所谓集合行为，就是在某种特定情况下，大部分人发生的条件反射式的行为，例如火灾发生时人们争相跑向出口，流言流行时人们会抢购商品，社会动荡时人们更有可能参与街头暴力行动等等。集合行为至少有三个大的特征，一是完全自发及无组织，二是以集体的形式进行，三是匿名性。当中庸成为一种真正的社会集合行为时，人们遇事就会条件反射式地采用中庸的方式行动。采用中庸这种方式行动，这既不是有组织有要求的，也不是个别的单一现象，而是完全无意识的，是社会普遍的现象。由于这是一种匿名性的集体行为，人们也不会因采用这种思想和思想方式而有所顾忌，而压力倍增。中庸思想的社会暗示和社会感染将会有十足的活力。人们普遍将中庸行为方式转化为个人日常生活方式的指导原则。人们不再明确地意识到中庸方式，而是中庸思想已经进入人们的血液和骨骼，成为人们文化基因的基础组成部分。

模仿与创新

当一种思想或思想方法成为思潮时，人们模仿的范围和力度与此种思想或思想方法的影响力成正比例。我做文学讲座谈到文学创作的方法时，指出的第一个创作要素就是模仿（不是抄袭）。因为模仿不仅是创作的第一要诀，也是自然人转化为社会人的第一要素，是人生必须采取的最主要的生存法则。法国社会心理学家J. G. 塔尔德说：“社会上的一切事物不是发明就是模仿，而模仿是最基本的社会现象。”当人们争相模仿中庸的思想和思想方式时，这种价值和方法论才算真正进入到人们的文化内心了。

紧密度

当我们总是与同一群人交往时，一方面我们将受到这群人中的每一个人的影响并因他们而改变，这种影响有多有少，这种改变也有多有寡；同时我们也会相应地影响他人，紧密度越高，我们受到的影响越大，我们影响他人的力度也越大。这有两个方面的情况。一方面的情况是我们能够越来越大地影响这一群人中的他人，另一方面则是我们也会越来越感受到他人不断影响我们的压力的增加。在这种情况下，将会至少有两种情况出现。一种情况是我们越来越同质化，另一种情况是我们需要多样化。我们越来越同质化的好处是，我们的共同点越来越多，我们会越来越感觉到抱团的巨大安全感。我们越来越需要多样化的好处是，我们需要透透气，需要呼吸些新鲜空气，需要扩大视野和天地，因此我们有可能断然或逐渐逃离这个群体。两者各有利弊。较紧的紧密度既是我们的安全需求，也是我们的自我封闭；我们既得益于较紧的紧密度，也受制于较紧的紧密度；我们既得维系一种适当的紧密度，也要警惕较紧的紧密度带来的负面影响。对一种思想比如中庸思想来说，群体中个体间的紧密度越高，对此思想的认同或传播或越有利；反之则越不利。

全新的视角

我们一般都会从主体即“我”的角度看我们如何运用中庸之道。但如果我们试着从“我”对面的客体即“他”的角度看主体即“我”对中庸的看法、试着由“我”揣测“他”看“我”打算如何运用中庸指导生活，试着由“我”臆测“他”看“我”是否选择中庸的方式，那么可能就会出现一种全新的视角，与此前完全不同的一种视角了。那一定会出现一种全新的感受和体会，一定会产生一种全新的景象。主体与客体即我与他将可能互为参照，互为镜像，互相启示。

中庸化与社会化

中庸化就是一种社会化，就是对一个生活共同体中的每一个人的社会化。当这个社会中的每一个人都由于权力、社团、各层精英、教育系统、道德观的倡导而社会化后，这个社会就成为中庸观念占据主导和优势地位的社会了。这个社会中的每一个已经被社会化了的人都会自觉不自觉地以中庸方式看待和处理问题。中庸化是人们被社会化的一种方式。人们还可能被道教化、被儒教化、被西化、被魔幻化（在文学领域被拉美魔幻现实主义影响）。被不同观念、道德、意识形态和思想社会化是交替进行的，因为没有一种影响会永远取得压倒性统治，这是因为没有一种影响是穷尽了社会内在的所有规律的。如果我们不被社会化，我们将成为动物、成为另类、成为异端；但如果我们被社会化了，我们将变得同质、缺少个性与特征、审美疲劳。如果我们不被中庸化，我们遇事可能不知选取最恰当的时间地点、方式方法，我们将事倍功半；但如果我们被中庸化了，我们又有可能遇事不易决断、遇事不能争勇而胜。

一般都是从主体即"我"的角度看如何运用中庸，如从客体即"他"的角度看主体即"我"对中庸的看法，"我"打算如何运用中庸，"我"是否选择中庸的行为方式，那么就完全不是同一种视角了，一定会出现一种全新的感受，一定会产生一种全新的景象。主体与客体即我与他将互相参照，互为镜像，互相启发。

汪钟镒 2017年4月24日淮北侬斋

中庸化可以是使人社会化的一种方式

恰当即中庸

中庸既然有在恰当的时间、地点、环境与恰当的人做恰当的事的可能，也就有在选择恰当的时间、地点、环境与恰当的人做恰当的事时错失良机的可能。在有些时刻则成为推脱、卸责、和稀泥的替代词。这并非中庸之错，而是由于人们对中庸思想的把握不当，对中庸方法论的偏解或误读。中庸既是一种方法，是我们日常生活和工作常常需要使用的工具，也是一种方法论，即指导我们选择某种工具、选择某种方法、选择某种方式的原则、标准或规范。中庸只是一种包括了诸多显性知识和隐性知识的宏观性的论说，对社会中的每一个社会人而言，这些社会人可能往往连显性知识所指引的方向都有所误读，更不用说需要细致体察的隐性知识了。不过这没有关系，因为如果中庸思想已经深入社会、深入人心，那么人们在不同层面使用中庸思想指导言行日常，这个社会就将中庸化，人们都将或多或少在为人处世时选取最合用、也就是最合乎自己和他人利益的方式方法去对待事物、处理问题。

理论和实践

中庸作为一种价值观和一种方法论，与所有的哲学思想一样具有宏观的、抽象的、全面把握的、无可无不可的高深境界与特点。对它不能举例、不能比喻、不能说明、不能统一执行和办理、不能一成不变、不能随意而为、不能中观微观、不能具体现实，也不能就事论事。但在社会操作层面，我们又必须举例、比喻、说明、执行、办理、一成不变或随意而为、中观微观、具体现实，因为如果不这样，中庸就成为一种不能运用的死亡理论了。这是一个悖论。

强者的武器

中庸现在已经是强者的武器，而不是弱者的武器了。美国农学家兼社会学家斯科特在《弱者的武器》这本书里，把农村社群中的小偷小摸、私下串联、软磨软抵抗、消极怠工等等社会现象归纳为弱者的武器。他认为当弱者们还没有达成共识、还没能积聚完成反抗的能量、还没有能力对抗强大的对手时，他们就会有意无意地使用这些弱者的武器，来表达自己的不满和反对，这是另一种形式的反抗。弱者的武器是边缘人、底层者、弱势群体的武器。中庸现在是强者的武器。中庸的思想自来就追求正统并以正统自居，自来就追求来自权力和权威的合法性并以权力和权威自居，因为这种思想的建立者建立这些学问的目的，就是为了一统人心和管理社会。因而姿态是关键和重要的。如果你自来就要管理社会和一统人心，你最终会有正统相；你自来就是休闲人生，你最终会有休闲相；你自来就事事仰望上面，你最终会有奴才相；你自来就落魄自己，你最终会有江湖相；你自来就仰望思想，你最终会有深刻相。

欧亚效应与中庸之道

美国历史学家戴蒙德表述过亚欧大陆文化交流特性这件事。在他的翻译成汉语的书里似乎并没见到“欧亚效应”这个词，但是有些学者提到戴蒙德的这种表述时，称其为“欧亚效应”这个专有概念。这是一个创造性的发现，同时也可以说这是一种发明。因为发现虽然是对已有事物的发现，而发明是创造了一种前所未有的思想、概念或实物，但欧亚效应则既是对已有事物或规律的发现，也是对从未存在的概念的提出，因而它既是发现，又是发明。所有的发现和发明在这个意义上都是同义词，而只在有前提的语境下才有分工。按照法国社会心理学家塔尔德对人类社会事物的分类，社会上的一切事物不是发明就是模仿，戴蒙德的这一提炼或概括是毫无疑问的发现、发明或创造。

所谓欧亚效应，指的是在亚欧大陆这个整体上，农业文化或农业文明更易于沿着东西纬度的方向传播，而不是更容易沿着南北经度的方向传播。这主要是由于纬度预示着有更多的气候共同性。例如农作物在同纬度地区迁移成功的概率会大大地大于同经度地区。生产方式也是如此。既然生活方式和生产方式大致如此，那么建立在生产和生活方式之上的价值评价体系也就会有更多的相同、相似处。当然人类文化的养成及固定不会这么简单，还有其他诸如地理环境、种族环境、政治环境、地缘环境、陆权海权思想、边缘地带理论等等地理和人文因素的干涉和影响，但欧亚效应是一个新发现的共同点。共同点越多，不同社会文化的认同度就越高，沟通和理解就越容易。早期中国与西域及西亚地区贸易与交往的丝绸之路现象是一种东西方向的同纬度现象，当代中国陆上新丝绸之路概念也是一个亚欧大陆东西纬度方向的概念。中国人对于南北方向陆地的探索兴趣，似乎远远小于对东西方向陆地探索的兴趣，这不太像是一个理性的选择，而更像是一种冥冥之中。在亚欧大陆上，我们能够看到，就气候带给人们的心理影响方面，东西的纬度方向似乎更容易适应、穿越和到达，东西的纬度方向似乎心灵视野更宏阔、心灵空间更广大，人们的野心似乎更有施展的空间。当人们对亚欧大陆稍有了解后，亚欧大陆两端的汉文明圈和基督教文明圈两大文明圈，也成为能够吸引人们目光的亮点。当然，海洋比大陆更广大。但海洋从根本上说只是人类生活的过渡地带，是人们达到目标的工具。这不仅是因为人类的大多数生活在陆地上，也因为人们控制了海洋，夺取了好处后，还是要送回自己的陆地上加以享受。人毕竟是陆地生物而不是海洋生物。自然，能够同时占有陆地和海洋的地区是最有区位优越性的，这就是陆地与海洋结合处的海岸线地带。中庸文化的陆地文明特征是不言而喻的，孔子谈到黄河中下游以外地区也都是歧视性的。所有的文明都是有所得必有所失的。得的是由于不得不失而成就了得的高度纯洁性和高度凝练性，失的是由于不得不得而成失去了其他可能的得。

想象才是社会的现实

美国社会学家查尔斯·霍顿·库利是符号互动学派的重要成员。这一学派认为，人们在与他人交往时，总是有意或无意地提供一些符号，让他人从中获得对自己的印象，并对此加以管理，以便在互动中影响对方，这便是所谓印象管理。库利还发现或发明了“镜中自我”理论，他认为自我只是人们的一种感觉，人们相互之间的想象才是社会固有的现实。而我们每个人都是彼此想象的对象，也是彼此想象的产物，所有这些想象都是社会现实。当我们与人交往时，我们首先会想象自己在别人眼中的形象，然后会想象他人对自己形象的评价，最后再根据这个评价形成自我感觉。

这是把形象当成一种文化内容来处理的，即形象是文化的，因而就是虚构的。比如美和丑，当中国人认为瓜子脸是美时，中国女人都想长一张瓜子脸；当非洲人认为厚嘴唇是美时，非洲女人都想长一双厚嘴唇；当中国人认为白皮肤是美时，中国女人都想长得白一些；当欧美人认为小麦色是美时，他们有机会就晒太阳。这样的举例虽然过于俗下，也容易损失过多的细节和内涵，但也有浅显易懂的好处。

当我们与人交往时，我们首先会想象自己在别人眼中的形象，然后会想象他人对自己形象的评价，最后再根据这个评价形成自我感觉，这是从“我”的视角出发进行的想象，但同时也是从对方的视角出发进行的想象。这是一种由一个主体完成的双向视角的想象，因而这种想象的模拟性和虚构性是不言而喻的。人类文化处处都是假象，我们也时刻生活在文化假象之中。文化假象或文化想象才是人类社会的真实存在。

因此当我们把中庸定位为人类文化的一部分时，我们就知道中庸的观念其实是虚拟和想象的，就像儒家推崇的仁、义、礼、忠、信、孝、悌等道德观一样，是可以存在也可以不存在的，是可以遵循也可以不遵守的，是可以更改也可以不改变的，是可以代替也可以不代替的，是可以修正也可以不修正的，这全在于人们当时当地对它的看法如何。例如我们可以不再遵守仁、义、礼、忠、信等道德规范，但我们就要遵守另一套道德系统，我们就要遵守自由、民主、法制等社会标准；或我们既要遵守自由、民主、法制等道德规范，我们也同时要遵守孝道、慈爱、宽厚、诚信等社会标准。这是一套混合的道德规则体系，但这也只是我们虚构中的道德规范系统中的一套系统。

权威与中庸

德国社会学家马克斯·韦伯将统治的权威分为两种，一种是法理权威，一种是传统权威。传统权威更多建立在信众信任和个人魅力基础之上，依靠的是道德约束和心灵服膺，只要大众认为一个人有能力领导他们，这个人就可以一直领导他们。但这种权威也是一种难以持续的权威，当权威消失时，社会就会发生动荡，人们必须经过不确定日程和结果的遴选工作才可能重新找到新的领袖和权威。因此以规则的合法性建构的法理权威成为当代社会的主流。

但法理权威、传统权威之间并没有根本的鸿沟，两者的元素是互相渗透、互相补益的关系，也是互相牵制、互相制约的关系。传统权威可以通过法理的形式出现，法理权威也可以体现在传统权威之中，只不过规则和形式改变了，但最终的玩法还是类似的。领袖的魅力和法理的规则还是建立在人们的价值观和方法论之上的，中庸就是这样的价值观和方法论之一。

方法论对方法具有指导和选择的意义

人们因占有社会资源的多寡而分为不同阶层，马克斯·韦伯把社会资源细分为三种：财富、声望和权力，即经济标准、社会标准和政治标准。中庸等方法论将覆盖所有这几种资源的获得。当人们想要获得财富，或获取声望和权力时，人们必须选择一种获取的方法，这就是方法论对方法这些工具的指导和选择的意义。

中庸思想与中国社会的超级稳定

威尔弗雷德·帕累托是意大利社会学家，他认为社会是一个完整的体系，当其平衡状态被逐渐破坏后，又会逐渐恢复，社会中所有复杂的关系都会出现周而复始的特点。在政治领域中，精英会堕落，新的精英人物又会从底层出现，这是一个循环过程。帕累托的理论似乎也合乎中国传统社会周期性崩溃的特点。在中国传统社会中，当社会的经济关系、文化关系、权力关系之间的矛盾到达顶点时，社会就会崩溃，多数表现形式是农民起义，少数表现形式是宫廷政变。这种崩溃是周期性的，过一段时间就来一次。这是由于古代中国社会长期是一个农耕社会，具有超级稳定的结构，社会总是需要变革的，这是农民起义的深层动因。但农民起义又是一种弱者的武器，没有足够巨大的能量冲破古代中国社会超级稳定的结构，只能在原有的社会框架中进行人事变动，因此形成了古代中国社会的周期性崩溃。中庸思想是稳定中国社会这个超级架构的基础之一。

大思想和大智慧

中庸思想是儒家重要理论基础，但《中庸》首先是作为《礼记》的一个篇目存在的，宋朝及其以后成为儒者研究的重点，并且在朱熹手中独立出来，成为“四书”之一。所谓“四书”，即《大学》《中庸》《论语》《孟子》，《论语》《孟子》原都是独立书目，《大学》《中庸》则各为《礼记》中的篇目。南宋宁宗时，朱注“四书”被列为国学，正式升格为经，元朝仁宗时，朱注“四书”被定为科举用书，成为学子必读之书，一直延续到明清。

《四书章句集注》是朱熹的代表作品，也是中国传统思想文化的重要理论集成。这些文本的存在已经有许多年了，但有目的地把它们集中在一起并且加以权威性的注释，则是一种大思想、大智慧，是一种难以超越的创造和创新。又由于《大学》《中庸》原仅为《礼记》中的篇目，将它们独立成“书”，也非同小可，没有惊人的文化自信，断然做不出这等“出格”的大事情、大动静来！

《四书章句集注》中的章句，是注释义，专指对《大学》和《中庸》的注释。《四书章句集注》中的集注，则专指对《论语》和《孟子》的注释，由于集合了众人的相关说法，所以称为集注。“四书”的排序后来形成三种，一种是按字数体量，排序为《大学》《中庸》《论语》《孟子》；另一种按传道顺序，排序为《论语》《大学》《中庸》《孟子》，因为《论语》主要是记录孔子言行的，而《大学》有说是曾子的作品，《中庸》可能主要是子思的作品，《孟子》是孟子的作品，曾子是孔子学生，子思是曾子学生，孟子是子思学生的学生；再一种是按内容的易难，排序为《大学》《论语》《孟子》《中庸》，这也可看出《中庸》深邃的思想蕴含。

你看它厉害不厉害

自南宋以后，中国人特别是官员、学者、有地位或有文化的人，已经习惯于用中庸信条待物，用中庸方法处事，用中庸理念思考。所谓中庸，东汉郑玄说：“名曰中庸者，以其记中和之为用也。庸，用也。孔子之孙子思伋作之，以昭明圣祖之德。”这是用中之义。南宋朱熹说：“中者，不偏不倚、无过不及之名。庸，平常也。子程子曰：‘不偏之谓中，不易之谓庸。中者，天下之正道，庸者，天下之定理。’”这是不偏不倚、无过不及、恰到好处义。

中庸的思想十分独特、神秘。因为中庸原本只是隐性知识，是不开口说话的缄默知识，它虽然存在，但无人知晓、无人命名、无人重视。当我们的先人感受到了它，知晓了它，并为它命了名，这就是一件大事了，是中国文化思想史上的大事了，也是我们日用生活中的大事了，它就要强烈地影响我们的人生了，是一种了不起的发现和发明了！你看它厉害不厉害！

中庸是一贴镇静剂

中庸到底是什么？有人说它是用中的方法，有人说它是以中为用的标准，有人说它不偏不倚，有人说它无过无不及，有人说它是日常用度，有人说它是方法论，有人说它是哲学是思想，而我觉得它既是价值观，又是方法论、同时还是工具与方法，但中庸到底是什么，似乎总讲不太清楚、讲不太明白。

中庸或许只是每个人的一种心理状态、情绪状态、情感状态。我们人类在生活中碰到每一件事，处在每一个时段，不管心情好坏，不管面对何人何事，我们只管告诉自己："中庸就好了！"或"中庸起来就好了！"我们的心理就稳定了，我们的心态就平和了，我们的情绪就平复了，我们的情感就不波澜起伏了，我们就安静下来了，于是一切事情都好办了。

或者说，中庸就是一贴镇静剂，需要的时候，我们招它来，一切就都摆平了，就都 OK 了，我们就安静下来了，我们也就成功了。

静了心，才是成功一切事情的前提。

社会也是一样。当社会处于中庸状态的时候，一切都好办，都 OK；反之则浮躁、焦虑、反叛、激烈、革命、暴动，如无头苍蝇、极端、走偏。

好牌与烂牌

中庸像老子的道、孔子的无可无不可等思想一样，表面上看去都难以操作、都难以企及、都虚无缥缈，但它们的不可量化、不确定性非常重要。因为对于人类来说，相对已知的知识，未知的知识数量更大、范围更广、内容更深。在这个前提下，所有说得过满的话、所有能够量化的标准和结论，都可能是靠不住的，都可能是最终需要修改订正的，都可能只是阶段性的标准和结论。就像我们打扑克、打麻将，我们的技术再好，也不可能每一把都赢、每一回合都赢。我们可能常常赢，但还是不能保证每一把都赢、每一次都赢。只有在香港片的赌局上，才能在所有想赢的局上都赢。在生活中，每一把都赢只能是一种完不成的任务，因为它违背了人类显性知识少于隐性知识的常理。在这种情况下，抓到一手好牌才是最硬的道理，才是必赢的前提，才是最重要的。

但正如一位美国前总统回忆他的长辈对他说的话一样，人生必须用手里现有的牌玩下去，没有假如，也没有可能。这里的哲学意义大概就在于，一手好牌在一个劣质牌手的手里，有可能玩得很糟；而一手烂牌在一位高手手里却可能玩得精彩，只以最小损失结束牌局。相同的道理，一手好牌在一位高手手里有可能玩得比好牌本身更精彩；而一手烂牌在一位劣质牌手的手里只能成为一场灾难。中庸的方法正是这样一座通向精彩的桥梁、达到成功的工具。无论摸得好牌、烂牌，实施这种操作的方法都能获得利益的最大化，也能最大限度地减少预期中的损失。

中庸的不可量化，不确定性非常重要，因为对人类的知识总量来说，未知量更大，更广，更深，在这个前提下，所有把话说得很满的话，所有能够量化的标准和结论，都是靠不住的，都是最终无法证明其标准和终结性的。就像我们打扑克牌，搓麻，技术再"好"的人也不可能每次都赢，这有些违背道理和常识，但的确如此，抓到一手好牌才是最重要的。但这里的哲学意义在于，一手好牌在一个劣牌手手中可能会打得很糟，而一手烂牌在一个好牌手手里，却可能只有最小的损失。

许宏军 2017年4月29日信笺.

群居效应

文化学者告诉我们，人类是有群居效应的，群居效应显示的规律是，人口密度越大，文明程度可能就越高。当然这一般或指初始的和长期的状况。初始人口密度越大，文明孵化的进程可能就会越快，初始人口密度越小，文明孵化的进度可能就会越慢。长期人口密度越大，文明孵化的进程可能就会越快，长期人口密度越小，文明孵化的进度可能就会越慢。

瑞士地质学家许靖华博士在《气候创造历史》一书中，引用俄罗斯昆虫学家凯平的结论，说昆虫界有群居效应。凯平认为蝗虫虽然有两种形态不同的外观，但其实是同一个物种的变种，或说是同一种昆虫的两种形态，即分别是散居型和群居型。蚱蜢是散居型，从小到大都是绿色的，不会成群结队飞行。飞蝗是群居型，它的幼虫颜色较深，它们储存在体内的营养较多，因此耐受饥饿的能力也较强。让人惊讶的是，这两种虫子会互相变化，如果将散居型蚱蜢的幼虫集中饲养，它们就会变成群居型的飞蝗。群居型蝗虫通常会群体大规模迁徙，给当地生态带来灾难性破坏。

生命界的内在规律大概都有共通之处。中庸思想的出现也不会是无源之水。当我们了解了中庸思想、儒家思想、道家思想生发的地理因素、地缘因素、人口因素、气候因素、更大范围的环境因素以后，我们就能够有信心地把握这种思想出现的流程和必然结果了。

韩愈与道统

儒家所谓道统即传道系统，大约源于唐朝的大文章家韩愈。韩愈在《原道》中说："尧以是传之舜，舜以是传之禹，禹以是传之汤，汤以是传之文、武、周公，文、武、周公传之孔子，孔子传之孟轲；轲之死，不得其传焉。"这就是后世儒者依据的儒家道统说的源头。

韩愈把远古历史上几乎所有"伟大"的"英雄祖先"全揽到儒家系统中来，而把所有不那么"伟大"，或者不但不"伟大"甚至不堪的祖先全部排除在儒家的传道系统之外去。这也是大胆、英明和开创性的。先人的话就是文明的源，这真是一点不错的。韩愈是儒家思想的坚定捍卫者，他这么一说，其实是做了儒家学说的理论梳理，当时看起来可能还不那么重要，但若干代后再看，就是一种抹不去的证据，就是一种历史的定位，就又了不得了！

韩愈又在《师说》中说："圣人无常师。孔子师郯子、苌弘、师襄、老聃。"圣人没有固定的老师，孔子就曾向郯子、苌弘、师襄、老聃等多人讨教过，而不仅仅是向一个老师讨教。不过，讨教是讨教，传承是传承，牵扯传道系统的时候，就必须规整起来了。

跨界思想

历史学家吕思勉在《中国文化十八讲》中说，儒家学说，“在理智方面，其说最高的是中庸”，这是把中庸之说，当作理性思维的结晶来看待的。

中庸思想表面看起来是理性的，因为这种思想是对言行方法的一种高度提炼，其实也就是对人类长期社会生活实践的一种提炼。但实际上呢，由于中庸思想成长、提炼于华夏社会、中国文明，而这种社会、这种文明，又是一个感性的社会、感性的文明，讲究从生活中来、到生活中去，不讲究从抽象中来、到逻辑中去，因此中庸思想从根本上说，还是一种感受性的思想，不是逻辑科学的思想。但又由于中庸思想已经是一种高度升华的总结了，不是简单的感觉和体验所能概括的，因而它只能是一种理性思考的结果，是一种理性思想。只不过这种理性不同于西方的科学实证理性，这是一种感受性的理性，是一种从混沌到超越混沌、从感受到超越感受、从体验到超越体验的理性。因此可以说，中庸思想是感性中的超级感性，理性中的超级理性。中庸思想超越了理性与感性的界限，是跨界的思想，是第三种类型的思想。

无可无不可是一种中庸

不知与谁谈到古代隐逸人士伯夷、叔齐、虞仲、夷逸、朱张、柳下惠、少连时，孔子说："不降低志向，不使自身受辱，这是伯夷和叔齐吧！"又说，"柳下惠和少连降低志向，屈辱了身份，但是他们说话符合伦理，行为经过考虑，他们只做到这些罢了。"孔子又说，"虞仲和夷逸隐居避世，说话无所顾忌，保持自身的清白，他们的弃官也符合权术的变通。我和这些人不同，也可以这样，也可以不这样。"（《论语·微子篇》）

这就是孔子的无可无不可思想。我是特别赞赏的！也可以这样，也可以不这样，也可以那样，也可以不那样，也可以不这样，也可以不那样，也可以第三样、第四样、第 N 样，如水随形，非常灵活，不受限制。这是一种自立规矩、自设规范、充分自信、舍我其谁的自信。当然，自信不是盲目自信，而是水到渠成的自信。人生阅历、经验、知识、智慧高度丰富、浓缩精炼、合而为一时，才能产生这样自定规则，又为他人为社会定规则的能力。无可无不可思想就是中庸思想的一个重要组成部分。中庸思想就是一种无可无不可思想。我们言行时，永远不会有必须、必然、一定这样的状况。必然都是相对的，完全可能出现不必然；不可能也是相对的，完全可能出现可能的情况。当我们未选前，我们无可无不可，当我们选定后，我们定可定不可。

中庸是儒家的主场

中庸是儒家的关键理念之一，是儒家重要的思想基础。所谓基础，就是思想平台，如果没有这个儒家自己打造、熟悉不已的主场，儒家就不再是儒家了，儒家可能就不知道怎样思想了。中庸既是一种内因，也是一种外因，既是一种自觉，也是一种迫使。当我们自觉中庸时，我们就少受外力驱使，因为我们已经做到了“最好”。当我们做不到中庸时，外力就会迫使我们中庸，迫使我们“不偏不倚”“无过不及”“恰到好处”。

中庸是一种故意不明确的艺术

无可无不可的中庸思想也是一种特意不确定、不明确的艺术。比如在国际政治经济领域，常常会有国际制裁发生。当双方实力悬殊时，制裁会有效果，当双方实力接近时，则常常杀敌一千自损八百。在这种情况下，对对方的制裁，如果不明确会失去严肃性，如果太明确，则会失去灵活性。这时只能采取无可无不可的中庸方式，以中为用，无过不及，这显然比明确的政策更难操作，这也正是中庸看似简单实则不易的特征。中庸的思想、行为、方式，都是看起来简单的，似乎只要不冒进、不出头、不极端、不过分即可，但由于所有事物都是动态、变化的，所以有时候不冒进恰是消极、不出头正是贻误战机、不极端则是不及、不过分却是保守。

不同的视角

中庸的政治学视角、社会学视角与人文视角常常不同。比如城市摆摊设点，往年街头或市场里有要猴的、说相声的、要枪弄棒的、补锅的，这些行业都是在街头形成的，成为我们鲜活的文化记忆。他们在街头，会影响市容、扰乱交通；他们不在街头，又会失去生存的环境，就会衰落甚至消亡，从而使我们文化的多样性和丰富性大大减损。

拍板与中庸

拍板的能力和做决定的魄力在政治操作中有其不可替代性。拍板的能力与表里如一思想（慎独）、修己及人思想相一致，但表面上看这又与以中为用思想、无可无不可思想、无为而成思想相对立、相冲突。因为表面看，做出决定的过程是表里如一的、是修己及人的、是排除其他选项的，却似乎不以中为用、不无可无不可、不无为而成。不过这或许正是一种辩证性，是社会事物的一种复杂性、多义性、多元性的矛盾统一。政治是一种做决定的艺术，没有做决定的能力，成不了成功的政治家。而做决定的过程，就是一个他人无法替代的决策过程，就是一个中庸选择或选择中庸的过程。做决定看起来是排他的，其实只是中庸选择或选择中庸的结果。

既复杂又简单

中庸的思想看上去复杂深奥，其实简单无比。中庸的内涵就是两条：第一，符合常理；第二，以中为用。符合常理就是不脱离生活、不脱离社会、不脱离实际，任何脱离实际的思想也无法流传、不会长久。以中为用就是不偏不倚、无过不及、恰到好处。恰到好处又是因人、因事、因地、因时而异的。因此，中庸的思想看上去复杂，其实无比简单；看上去无比简单，却又是深奥无边的。

小人穷斯滥矣

孔子在陈国没有吃的了，跟从的人都饿得爬不起来。子路满肚子怨气来对孔子说："君子也有穷困不堪的时候吗?"孔子说："君子固穷，小人穷斯滥矣。"孔子的意思是说，君子能够安守穷困，小人一穷就没有底线了。

君子穷困时也能坚守一个道德底线，因此他才成为君子；小人穷困时啥都不顾了，更不用说坚守某个起码的道德底线了，因此他才被称为小人。这里的小人，大概有两层意思，一层意思是他本来就穷，又不能坚守一个道德底线；另一层意思是他本来不穷，也是个君子，可一旦穷了，他无法坚守一个道德底线，因而沦落入小人堆里去了。穷人并不都是小人，富人里许多也不是君子。穷人里有许多小人，富人里也有许多君子。君子和小人都是一种道德判断和划归。同时，君子和小人的行为也是一种中庸判断。君子和小人之所以被人判断为君子或小人，正是由于他们未能守持不过不及的道德的界限。道德是有界限的：过了招人烦，成为僵化的卫道士；不及则容易丢失底线，不着约束，粗俗不堪。

中庸的最大特征是绵软

中庸是儒家理论的标志性思想特征。从发生学角度考察，可知中庸思想来源于世袭贵族阶层为维护社会整体架构稳定的强烈要求，因而它的发生基础就是希望在宏观上维持原状。而在中观和微观方面，随着社会发展、变化，如果一味要求维护现状而不思改进，则有被社会抛弃的可能；如果过于快速地改变现状而不循序渐进，则又可能损害世袭贵族阶层的根本利益。因此儒家逐渐找到一种执中的办法，即中庸之法，来解决这一阶层利益合法性长期存在的问题。既不过快地改变现状造成既得利益集团的利益流失，又不止步不前，引起社会新生阶层和新起势力的强烈不满。经过长期有效的运用，儒家学说及中庸理念成为两千多年来维持中国社会稳定和推动社会有序发展最成功的思想工具。中庸思想亦成为中国社会各领域可有效选择的指导性思想和方法。很显然，儒学和中庸经受住并汲取了全球化过程中的风霜、雨露和阳光，继续茁壮成长。中庸思想的最大特征是绵软，因而如果它不是很快消失的，它就一定是最能久长的。

互为备份

孔子说："君子中庸，小人反中庸。君子之中庸也，君子而时中；小人之中庸也，小人而无忌惮也。"所谓"时中"，一解就是时时中庸，或就是随时中庸，意思就是人生在世，要随时用中庸指导生产、思想与言行。这是中庸的时间性。这种极端的要求是所有理论创造者都最期盼的，就是期盼自己的理论能够为人们完全接受，能够进入人们的血液，能够千秋百代地传承下去。但由于中庸的思想以及所有伟大的思想都一定不能有具体的边界，都只能是宏观的宽泛的指导，因此人们是否已经全身心地贴近中庸、零距离地拥抱中庸了，也没办法衡量。因此在我们对中庸思想的实践中，我还是觉得以孔子无可无不可的思想来作孔子中庸思想的伴侣为最佳。当我们不知道我们是否中庸时我们就用无可无不可的态度来对待事物，当我们已知我们是否中庸时我们就用中庸的方法来解决问题。它们互为我们选择方式的备份。

许多人谈不出来

清末民初的史学家、文学家、政治家和思想家梁启超在《孔子》这本书里说："'中'是就空间言，不偏走于两极端，常常取折中的态度；加上一个'庸'字，是归于适用的意思。孔子赞美大舜说：'执其两端，用其中于民。'（《礼记·中庸》）这两句是中庸最好的注脚。""其实孔子学说的全部，都最是如此。"梁的意思是，孔子学说的全部，都是以中庸之道为根基的。

梁启超认为中庸学说是平原地理的产物，可见清末民初的思想家，已经对现代科学深有感悟了。他认为大平原上没有险峻恢诡的形状，没有极端的深刻，没有极端的疏宕，也没有极端的畅放，因而对所谓调和性看得最亲切，理解得也最深刻，这就是孔子中庸主义产生的环境。

梁启超对中庸之道并未一味示好，而是明白地指出了它的优劣利弊。他认为中庸主义的好处在它的容量大，从没有绝对的排斥，各种学术都能容纳；坏处是凡事均要调和，一定要把各个事物原有的性质，绳削了一部分去，可以把社会上千千万万人，都像一个模型里铸出来，社会变成死的不是活的了。不过梁启超又说，孔子时代的中庸主义还没有多大的毛病，后来这个名词已经变质了。

梁启超谈中庸，显得他头脑很清醒，他很明白中庸思想在中国历史上的发生和位置，又能用清楚的言语表达出来，很不容易。许多人无法明白地谈出来。

中庸不偏向任何一种信仰选择

中庸从一种认识论的角度将所有信仰的状况作了平等化处理。中庸的观点不偏向人们的任何一种信仰选择，只由人们依照自身需要选择某种信仰。中庸因此而呈现了完全的包容性。一种信仰或许能争取到相当多的信众，但另一些信众却可能崇尚另一种信仰，或不崇尚任何一种明确的信仰（不信仰也是一种信仰），或以天地万物为信仰的对象，或以社会为信仰的对象，或以自己的内心为信仰的对象。

中庸本身并无道德倾向

中庸作为一种方法论，本身并无道德倾向，因为方法论主要是工具。而中庸作为一种世界观，本身则应该是无神论的，因为中庸首先要将自己设置为无神论模式，它才能容纳有神论；如果它首先是有神论的，它将无法再包容无神论；而如果它首先是无神论的，它将无法排斥有神论。这就像一张没有写字的白纸，如果这张纸没有写上字，那么它既可以永不写字，也可以写上要写的字；而如果这张纸已经写上了字，那么它将不可能变为白纸，也很难再写上别的字。

中庸模式

如果中庸既不将自己设置为有神论模式，也不将自己设置为无神论模式，那将是一个什么模式？

那就只能是一个方法论模式，即工具模式，只是人们用以选择有神信仰或无神信仰的工具。

但如此一来，人们就将低估中庸的思想价值和作为形而上学、世界观的巨大涵括性。中庸绝不是仅作为工具使用那么简单：当一个社会弥漫着真正的中庸气氛时，仅从中庸方法的视角去考察这个社会，必然会出现巨大的偏差和误读，这既会影响人们的认知，更会影响人们的决定和决策。

既是感性的也是理性的

中庸即中和，中和即中正和谐。中正了，自然也就和谐了。中正，用当下的解释，可以理解为公平、公正、公开，可以理解为一碗水端平，可以理解为不偏不倚。公平、公正、公开了，一碗水端平了，不偏不倚了，彼此也就和谐了，大家也就和谐了，社会也就和谐了，问题也就解决了。至于如何公开、公正、公平，如何一碗水端平，如何不偏不倚，则是另一个问题。

既然要中和即中庸，就要考虑、考察一碗水端平和公平、公正、公开的问题，这就是理性与法则的遵循。因而中庸即中和看起来是一个感性和体验性的缄默知识范畴，其实已经是一个理性和法则性知识范畴了。

中庸不仅是技术的还是道德和价值的

美国两位经济学教授内勒巴夫和布兰登勃格在《合作竞争》这本书里，将博弈论战略引入了商业领域，他们认为，博弈论直指所有问题的关键：找到正确的战略并做出正确的决策。这其实正是中庸思想一直试图解决的问题。

他们描述了一个扑克牌配对的游戏，当教授有 26 张扑克牌，26 个学生各有一张扑克牌时，他们可以一对一地将扑克牌配对，而当教授有不足 26 张扑克牌而 26 个学生各有一张扑克牌时，砝码在教授这边，学生们必须降低自己的要求才能与教授的扑克牌配对，即使如此，也还会有 3 名学生无法与教授的扑克牌配对；反之亦然。

美国国家橄榄球联盟正是这么干的，通过精心控制，美国国家橄榄球联盟中的球队数，总是少于想得到其中一支球队的城市数，因此联盟中的球队总是能得到最大利益，总是被过多的城市争夺着。负面的信息是，由于球队缺乏对家乡的忠诚，球迷也就缺乏对球队的忠诚，长远来看，这将对整个国家橄榄球联盟造成损害。

无论在商业还是其他活动中找到正确的战略并做出正确的决策，就是一种中庸思维。像教授那样执有不足26张扑克牌以便使自己处于有利地位的设计，也是中庸之道的适当选择。除了直截了当的利益外，上述事例还说明，工具（博弈论）的使用并不仅仅是技术的，它还牵扯价值观念和道德遵守，如果没有球队和球迷的忠诚，单纯靠经济利益获得带来的负面效应有可能超过眼前的利益获取。中庸思想涵括的，不仅有技术，更有观念。

中庸取决于你对事物的感受和认知

在《合作竞争》这本书里，作者将孩子分蛋糕游戏做了进一步扩展。两个孩子分蛋糕时，由一个孩子先切蛋糕，另一个孩子优先选蛋糕，如此一来，在一般条件下，蛋糕能够分得最平均。但如果一个孩子最喜欢吃蛋糕外的硬皮，而另一个孩子事先得知了这一信息，他就可以把蛋糕切得不平均，而使一份蛋糕硬皮多，另一份蛋糕硬皮少却蛋糕多，虽然两份蛋糕数量不等，但两人各取所需，皆大欢喜。

这也是中庸之道的适例。中庸之道并非一定要等质、等量，而是要恰当、适用。中庸的思想完全取决于你对事物的感受和认知。这种感受和认知包括你对前景的预期，包括情感因素，包括不同的价值判断。学区房也是典型的例子。学区房常以高价出售，如果你有对孩子强烈的预期、期待，你会觉得高价学区房是另一种不可估价的投资，因为对它的投资其实是对孩子人生的投资；但如果你对学区房没有需求，学区房以低价卖给你你也会觉得不值。

横跨两域的观念或方法

中庸是世界观，又是人生观，还是方法论。世界观是人对世界的总体看法；人生观则是人对人生意义的总体看法，虽然也是世界观的一部分，但拿出来强调一下，也是可以的；方法论则是人应对世界、应对社会的方法。世界观是观念，方法论是工具。把中庸既看作世界观，也看作方法论，是认为这种观念既是有意义的观念，也完全有工具的意义；或这种工具既有工具的能力，也完全有观念的价值；翻来覆去都可以。许多思想要么是工具，要么是观念，没有多少横跨两域的价值。能够横跨两域的观念或方法，才是真正大智慧的发现。

抽象哲学的亮点

儒家由于特别谈论人与社会、特别强调人类社会中的道德伦理，而不期然地冷落或忽略了人以外的天地万物，给人一种人类中心主义的感受和印象。这里面主要的问题，我以为原因是，儒家更擅长政治哲学和社会哲学的作业，而轻视或不擅长人地关系的把握。《老子》第二十五章说："故道大，天大，地大，人亦大。域中有四大，而人居其一焉。"可以说占据了一个哲学的道德制高点。中庸理论却是儒家学说中的一个抽象哲学亮点，中庸思想是对儒家学说完全性的一个重要补充。由于中庸理论是一种完全抽象的理论，因而它更有哲学的格局和气质。

到波士顿去

中国哲学史大家冯友兰在《中国哲学简史》中说：“有的人错以为，主张中道就是凡事只应求其半，行其半。其实，‘中’的真正含义是‘恰如其分’‘恰到好处’。如果一个人要从华盛顿到纽约，如果穿越纽约而到了波士顿，那就是过分；如果只到费城，那就是不及。”冯友兰把中庸的要旨做了形象化解读，这样人们更容易理解。但这种解读只能在一种质朴的氛围中进行。如果把中庸放在高端语境中考察，它的丰厚的多义性才能显现出来。

时中的几层意思

时中就是时时中庸，这至少有三层意思：第一层意思是时时中庸，无时无刻不以中庸法则来指导自己的行为，规范自己的思想，控制自己的言论，调整与他人、社会、宇宙的关系；第二层意思是适时而中，中庸也要合得时宜，要因时而中，要因地制宜，要与天时、地利、人和匹配，在适宜的时间、适宜的地点、适宜的环境，做适宜的事情；第三层意思是即时调中，在用中过程中即时调整，随时调中，不固滞粘连、僵守不变，从动态角度看待中用。

执中与守正

胡适在《中国古代哲学史》中说："《大学》说的'正'，就是《中庸》说的'中'。但《中庸》的'和'，却是进了一层说了。若如《大学》所说，心要无愤，无恐惧，无好乐，无忧患，岂不成了木石了。所以《中庸》只要喜怒哀乐发得'中节'，便算是'和'。喜怒哀乐本是人情，不能没有。只是平常的人往往太过了，或是太缺乏了，便不是了。"

古代中国人常把"中"理解为"正"，中正中正，"中"即是"正"，"正"相当于"中"，这是取"中"的"不偏不倚"义。在中国文字里，甲骨文的"中"是一面飘扬的战旗，而"中"的椭圆形在旗帜中间，有"居中示正"的意思。金文中的矩形中间有一点，是"箭正靶心"义。《说文解字》也解"中"为"正"义。

因而，"守中"就是"持守中正"，"中庸"也能理解为"中正"。但这并不意味"中庸"与"中正"是同义词。"中庸"有"中正"义，但"中庸"却又不仅仅有"中正"义。

XH2017.5.8

中庸的六大特征

中庸有感性，因为它是无法完全把握的，只能连估带猜。中庸有理性，因为它需要恰当的选择，也就是理性的选择。中庸有时间，因为它要求因时而变，时时不同。中庸有地点，因为它要求因地制宜，合宜而行。中庸循天理，因为它须依规而动，依序变化。中庸倚人道，因为它不能违背人类社会的习性、惯例。

最佳的可能

中庸理论是社会的基础文化方式之一，而不是一种领导方式。但从其特质形态看，与中庸相匹配的领导方式，似乎首先应该是放任型领导方式，这就是说，放任型领导方式可能是效率最低的，但可能是最人性、最轻松的。但在人类社会实践中，没有哪个社会是完全集中类型、完全民主类型或完全放任类型的，更可能是混合类型的。而对领导者个人而言，中庸的观念尽可以为不管哪种类型的领导者选用，因为选择最好的时机、地点、方式和分量，是每一位领导人都必须要做的事情。中庸的方式为这些选择提供了最佳和最大化的可能。

深阔悠然的港湾

中庸思想为共同体意识提供了一种有价值的、可持续的、独树一帜的、个性化的、变化无穷的、开放式的基础文化观念，为族群归属感打造了一个深阔悠然的港湾，也为共同体优越感提供了一种深厚的文化自信。当一个共同体传承的相应的文化资源较为薄弱时，这个共同体就要为向他人学习付出时间、精力、人力、物力、尊严等等大量资源。当一个共同体已有丰厚传承时，这个共同体只要能在继承中不断发展，就能事半功倍、活力日增、经久不衰。

社会的三种困境

安全困境至少有三种，一种是传统安全困境，即军事、政治等等困境；另一种是非传统安全困境，即恐怖袭击、环境恶化、食品安全、宗教极端势力、气候变化等等困境；再一种是文化困境，如社会颓废、道德滑坡、理想消失、信仰危机、社会气氛狂躁等等。中庸思想能够为文化困境提供有效的根源性治疗。适度和有时间限度的偏激是击破僵化社会天花板的有力武器，但持续和不可控的偏激则造成社会撕裂、人文断层、文化缺失。中庸思想是抚慰、平复社会的一剂良药。最重要的不是整个社会、人人都按照中庸思想去思考、按照中用方式去言行，而是整个社会、人人都有中庸意识，整个社会都有中庸气氛。整个社会都健康、平衡了，过分的行为就可在社会肌体中自行控制了。

认知相符机制

当我们囿于一隅，或狂妄自大时，我们容易出现认知失调症状。比如我们看球赛时，我们总会认为对方球员犯规的次数多，而己方球员犯规次数少；当我们打扑克牌时，我们总是认为搭档犯错多，而自己犯错少。遇到困局时，我们总埋怨对方不改变、不妥协，而总会感觉自己让步多、妥协多。中庸理论为我们提供了一套认知相符机制。当我们遇事能够用无过不及、恰如其分的标尺进行一个快速衡量时，我们出现认知失调的概率将会变小。

中庸是淮河流域的瑰宝

儒家、道家都是由淮河流域发展起来的，都是在淮河流域结晶的瑰宝。淮河文明的出现，我觉得至少得益于下述几重条件。

第一是流域因素。众多的河流、水域为人类生存提供了高水平的水资源便利、水交通便利、水廊道文化发生便利，众多河流冲积平原也为农业文明提供了最好的生存发展环境。流域内形成一些相应的文化圈，这些文化圈相互影响、碰撞、竞争，使文化的发展更快、水平更高。

第二是平原因素。正如梁启超所言，平原为文化发展提供了很好的条件。按照现代文明发展学说理论，文明能够沿地平线扩张，而不能垂直扩张。平原正是文明扩张的最佳地域。平原地区是农业生产的福地，它对人口的支撑能力，它的开放性、包容性、混杂性、融合性，都是非平原地区难以比肩的。

第三个因素是欧亚效应。即亚欧大陆的文化传播（主要是农业载体）主要沿纬线东西传播，而不主要沿经线南北传播，这是由于同纬度在气候等方面有更高的相似性。

第四个因素是人口因素。黄河中下游及淮河流域一直是华夏文化圈人口最多的地区或地区之一，这一地区出现高度文明并不奇怪。人们交流得越充分，人们相互间的竞争也越激烈，思想碰撞出火花的概率也越高，理性与规范也越发达。这是一种群居效应。在动物界也有群居效应，前面我们提到蝗虫的群居效应，当散居型蝗虫群居时，它们就会变成群居型蝗虫。这又是类似于植物界的协同进化效应。当植物在同一区域共同生长时，就会相互竞争，共同进化，有的越长越高，争取更多的光热风资源，有的却进化得更耐阴，有的进化为藤本，利用了其他植物的高度。当人口密度较高、协同进化效应发生时，文明的程度就会越来越高。

第五个因素是中原因素。中原的概念和范围时有不同，但淮河流域总是中原的一部分或紧邻的一部分，这里的文明整体水平最高，整体区域内的分体的文明总是同步或接近同步发展的。

冯友兰视野中的中国哲学史

被誉为现代新儒家的中国哲学史大家冯友兰先生在《中国哲学小史》中说："'哲学'本一西洋名词。……希腊哲学家往往分哲学为三大部：（一）物理；（二）伦理；（三）论理。其所谓物理、伦理、论理，其范围较现在此三名所指为广。以现在术语言之，哲学包涵三大部，即（一）形上学，（二）人生哲学，（三）方法论。《论语》谓'其言性与天道'。诸子之学等学问中，其言天道之部分，即约略相等于西洋哲学中之形上学；其言性命之部分，即约略相等于西洋哲学中之人生哲学。但西洋哲学中方法论之部分，在先秦诸子之学中，尚有与约略相当者；此后讲此方面者，在中国可谓绝无仅有。此后所谓道学及义理之学，固亦有其方法论，即所讲为学之方是也，不过其所讲之方法乃修养之方法，非求知之方法耳。魏晋之玄学，即先秦诸子之学中道家之学之继续。隋唐之佛学，虽亦有甚大势力，然终非中国思想之主流。清代之义理之学，乃宋明道学之继续。"

冯友兰先生言简意赅，将西方理论视野中的两千年中国哲学历史，数语道尽。

享受那种规范

中庸之道即是追求一种中和的心态。喜、怒、哀、乐、悲、愁、痛、苦，都是人类与生俱来的情感，但在社会语境中，人们又不能从心所欲、不加节制地释放这些情感，因为这关乎人与他人之间、人与社会之间的关系，也关乎人们对自我形象的维护。因此，什么时候释放喜、怒、哀、乐、悲、愁、痛、苦等等情感，如何释放喜、怒、哀、乐、悲、愁、痛、苦等等情感，释放喜、怒、哀、乐、悲、愁、痛、苦到何种程度，都是衡量小人、君子、圣人的标尺。听起来这似乎太累，但人类已经通过自小至大的模仿和学习，适应了这种种规范。这正是人类社会性的特征。当我们适应了某种规范之后，我们甚至会享受那种规范。

有的智慧，有的则假模假式

诚是儒家一贯强调的人文品质。诚既是自我积极认同的道德实践，也是自我永无止境的道德化境。但在我看来，诚是儒家一贯强调的人文品质，却不一定是孔子特别强调的人文追求，更不是《中庸》里的原始信条。《中庸》从第二十一章开始大谈诚，这与二十一章前孔子言中庸是两种气质。言诚的部分极类当下的心灵鸡汤，浅味寡涵，索然无趣。而孔子言中庸部分，才洋溢着独特的哲学家、思想家的智慧、深厚、自在、平和、自然、不经意和丝丝入扣。哲学和深度不是制造出来的，而是流露出来的。智慧也是一样，智慧不是摆拍出来的，而是抓拍出来的。智慧流露在不经意的一举一动、一言一行之中，而不出现在认真和努力的仿制中。孔子和后来的儒家不完全是一回事。孔子是值得个人崇拜的。而后世的儒家则良莠不齐，有的智慧，有的聪明，有的认真，有的努力，有的浅薄，有的则假模假式。

气质与气息

孔子对儒家人格有三种定义，一种是小人人格，一种是君子人格，一种是圣人人格。所谓人格，就是人的性格，或人的人品性格。人格既是先天胎带的，也是后天养成的。圣人、君子、小人这三种道德类型，小人是负面的，君子是正面的，圣人是神圣的。或小人在桥梁的一端，圣人在桥梁的另一端，君子则连通小人与圣人，是小人与圣人之间的过渡或桥梁。君子可以转化为小人，也可以转化为圣人，但小人不可能直接成为圣人，圣人也不可能直接成为小人。在孔子看来，君子与小人的分野，一方面看他们对仁、义的态度，讲仁讲义的自然是君子，不仁不义的当然是小人。另一方面，也要看他们对中庸的反应。“君子中庸，小人反中庸。”只有孔子能这么直截了当地说出这个判断而不遭人反感。如果后人这么说，说不定会遭遇我们的嫌弃，认为他没有深度、不拐弯。这并非我们遭遇了名人效应，而是由于智者的一言一行都是真正的自然而然，都由心底流出，都流露着智慧的气息。不含智慧的言论，再怎么装饰，也是干巴的、苍白的、无内涵的、不见灵魂的。

用中庸的眼光看世界

如果以中庸的眼光看世界，就会发现世界都是以中庸的面貌出现的。太阳每天按时升起，按时落下；春天花开，夏天植物生长，秋天果实累累，冬天动物冬眠。火山也不是突然喷发的，而是先冒烟，再出火，先小喷发，后大爆发。社会也不是突然崩溃的，必先生活无着，然后遭受欺压，接着雪上加霜，终于导致起义。政变也不是突然发生的，必先酝酿不满，再相互串联，继而达成共识，然后组织起来，最后推翻前任。

在中庸的眼光中，天地万物都是有序的、规律的、平和的、渐进的、有征兆的、体贴的、有灵性的、拟人化的、平衡有致的。但如果我们未以中庸的眼光看世界，我们可能就会得到相异的甚至是相反的结论，世界可能就是无序的、混乱的、危险的、冷漠的、不可捉摸的、失控的、弱肉强食的。

所以，世界并无固定的面貌，世界的面貌取决于我们的眼光。如果我们不以中庸的眼光看世界，我们也必然要以另一种眼光看世界，因为我们必须要用一种眼光看世界。或者我们倒不如试着用中庸的眼光看一看世界。

动态与静态

中庸提倡的是动态平衡，动态是中庸的生命，没有动态的平衡，中庸也就不存在了。一般而言，静止的事物比那些运动着的事物要少一些危险。比如在野外环境，小动物如果静止不动，危险性就会很小。一群移动着的野牛很容易被发现，而一群静止的斑马则不容易被看见。星空看上去是静止的，所以我们难以分辨其中的一颗星星，这时如果有流星划过，我们立刻就会被它吸引。但动和静都是相对的：没有永远的静，只有相对的静；没有永远的不动，只有相对的不动。只有动态才是永远的状态。因此，动态的中庸的思想适用于动与静的平衡关系：恰如其分的动才是中庸的选择，恰如其分的动才能将危险减至最低，才能将效益最大化，过分的动将招致损折；而过分的静则可能消极、怠惰、固化、失去生命的活力。

无条件反射与有条件反射

如果中庸已经成为人类的或至少中国人的一种基因的话，它就会成为一种条件反射，成为人们自然遵从的一种文化条例。所谓条件反射，是苏联生理学家巴甫洛夫在相关研究中的发现。当人们饥饿时，虽然没有任何外界刺激，肚子就会叫，唾液就会在口腔中流动，这是无条件反射；当我们看见一棵结满黄澄澄的杏子的树，或我们看见一盘红彤彤的小龙虾时，唾液就会在我们口腔里流动，我们就会咽口水，这是有条件反射。无条件反射是本能，有条件反射是习得。当一种思想，例如中庸思想，被我们习得后，它就会成为我们遇事时的有条件反射。而当这种思想成为我们的文化基因后，它就会成为我们的无条件反射。我们的文化就是这么形成的。

硬制约与软制约

法国启蒙时期的思想家孟德斯鸠说，再好的权力也必须有制约。制约大约有两类，一类是制度化的，这或可称为硬制约，或强制制约。另一类是道德化的，这或可称为软制约。中庸或可视为对权力的一种软制约。当文化中不存在这种思想时，人们既得不到这种思想带来的好处，同时也不会受到这种思想的制约。孔子说："民可使由之，不可使知之。"这句话的意思是，让老百姓照我们安排的去做比较容易，让老百姓知道为什么要这样做比较难。这就是所有理性的政府都会努力让大众接受更多的教育的原因：一方面整体提高国民素质，另一方面，让大众在提高教养和素质的同时，自觉不自觉地受到思想和文化的制约。

双向支配

中庸方法是人类支配万物的工具。人类发明了各种各样看得见和看不见的工具为人类使用，用以支配天地万物。但人类支配万物，其实也是万物在支配人类。例如人类发明了农业生产，以便养活自己，人类以劳动为光荣，以劳动并收获而使人类能够延续下去而自豪。这看起来似乎是人类支配了万物，但是否也可以看作天地之道在支配人类？因为正是天地万物的形状、特性、规律、周期，迫使人类通过辛勤的劳动养活自己。当然，这是一种拟人化的假设，既不可实证，也没有实际的意义。但哲学就是这般发展的。哲学不可实证，也没有实际的意义，但哲学可以使人聪明。这种双向的支配，也能够使我们能够从人类一枝独秀的自我感觉中解脱出来，使我们变得轻松而愉快。

《中庸》之外

告别的仪式

盛夏，善水轩的红芋，早早就从各个腋窝处打出花苞，有的开出了粉红色的花朵；秋天，家里听雨花园的梨树，几天不在家，就开出了一树白色的梨花。那都不是它们开花的季节。红芋本来是不开花的，或到秋天才开出少量的花；梨树则春天开花。只因为几天没人浇水，盆土干旱，植物感受到了生命面临的威胁，所以才会集中营养和资源，试图在最短的时间内，完成生命的全过程，开花结果，延续后代，传递基因。这是生命的本能，就像在一架即将坠毁的飞机上，人们会用最后的时间打电话向亲人告别一样。植物的这种行为看起来花朵娇艳，实际上悲壮苍凉。

轻松愉快

写《涡河边的老子》《泗水边的〈论语〉》《泗水边的〈中庸〉》《食不语寝不言》，就图个轻松愉快，读着圣贤书，看着平原景，行着泥土路，喝着羊肉汤，把淮河流域的耳闻目睹、一思一想，记下来就搞定了。这里资源那么丰厚，那么直接，那么显眼，从土坷垃里拨拉拨拉都是宝贝，都是财富，真用不着那种大苦大累！我能写这一系列书，不是我努力的结果，而是我找准了矿脉、发现了宝藏。我真为我生于斯、长于斯而庆幸。

这也是一种变相的“英雄祖先”情结：为自己生于圣贤辈出的土地而自得。不过如果这片土地真没出过圣贤，那我可就得想方设法制造一个或圈划一批进来了。

下雨

回过头来看，写《泗水边的〈中庸〉》这本书的起意是在 2016 年 4 月 2 日的雨中，写下这本书第一段正式文字时的 2016 年 6 月 27 日又在雨中，此后几乎每次前往中庙善水轩写这本书都会碰到下雨。水真好！我真是喜欢水的呢！

中庸更是一种修养

中庸更是一种修养。在自我调节下，中庸的心态才能使我们更平和、更稳重、更胸有成竹、更不人云亦云、更知其然亦知其所以然、更三人行必有我师、更谦虚而自信、更说话好听手里也有大棒、更享受人生高端的悠然和闲适。

有中庸这样的理念罩着，我们大致上就可以闲对山水了。
XH2017.4.8.

中庸与山水

我觉得以山水来比中庸甚为形象。山是静的，水是动的；山是形体巨大的，水是微屑细小的；山是踞此不移的，水却可以流出大山，流向平原，流向大海。山与水互相补充，互相映衬，互相平衡，互相中和。没有山，就没有山里的水，没有水，山就会枯干死亡。

一个中庸的文本

《幸福的王仁》，我觉得是一个中庸的文本。

《幸福的王仁》是我二十世纪九十年代初写的一部中篇小说，最初发表在天津的《小说家》杂志上。二十多年过去了，虽然时间并不太长，但相关人事发生了很大变化。当时发表这部小说的《小说家》主编闻树国，后来因为一个非常意外的原因（煤气中毒）而早早离开了我们，他的如日中天的编辑才华就此戛然而止。说时间并不太长，是说我还清楚地记得他来合肥时，我们一同在宾馆聊天，并且受他影响，大家去逛书店，人手一册当时流行的小小文本《廊桥遗梦》；晚上我们去歌厅唱歌，我对着话筒吹了几段口哨歌曲，他后来把我吹口哨歌曲的事写进散文，还收入了自己的作品集；再后来有些作家读过他的作品集，见到我时就让我吹口哨歌曲给他们听，可惜我多年不练，口哨早已锈蚀了。

中庸到底是什么？似乎很清楚，又似乎很模糊，努力地去说，更不一定说得清楚。

中庸或许就是一种气氛，一种气息，一种意境。

能体会到，绝对能体会到！但不一定能说明白，或一定说不明白。

我姐夫叶文成一直对《幸福的王仁》赞赏有加，提到我的小说时必说《幸福的王仁》，认为《幸福的王仁》写出了二十世纪八九十年代生活在中国三四线小城市中国人的文化原生态。但至于如何是中国小城市，如何原生态，却也语焉不详。

现在我写这本《泗水边的〈中庸〉》，愈写愈觉得《幸福的王仁》中那座小城市的生活气氛、生活气质、生活气息，就是中庸的气氛、中庸的气质、中庸的气息。也可能不准确，或根本就不是，但我一时又找不到一个典型的标本，来让大家感受到那种典型的中庸气氛、中庸气质、中庸气息。

抱歉，只好先如此了。

幸福的王仁（中篇小说）

王仁的老娘是半夜里死的，谁也不知道。这天早上王仁反而起得比以前早，起来之后，他就提了个竹篮子，一溜小跑，做早晨的运动，上菜市买菜去了。

街上还有些薄雾蒙蒙的，在这样的小城市，薄雾蒙蒙的早晨很有些特殊的味道。待王仁买菜回来，他老婆已经在刷牙了，见着他，就说："妈到现在没起来烧饭。"

王仁没答话。他的额上和下巴窝里，都冒着一层细汗珠子，这使他的内心感到舒服。他的过了中年的肚皮已经微突起来。在厨房里，他一边把菜捡拾出来，一边讲："妈这几日怕是累了，春天又乏人。"

现在是春末，柳树上的芽儿已经葱绿一片。王仁开始从堂屋门前走过去，走到那一小间偏房跟前去。春晨的空气清凉，吸到肺里好舒服。王仁的眼界让那两条红颜色的门给占满了，他敲敲门，用那种好人和孝子惯常有的殷勤声叫道："妈，妈，不早啦。"

门当然是从里面插上的，当里面没有动静的时候，王仁就有点慌，走回来，在厨房里对老婆讲："怎么不理人哩？怎么不理人哩？"

他老婆讲："我再去敲敲。"

玉春又去敲。就验证了。于是紧忙活了几天。

在那几天里，王仁家门口自然是来人不断，来者有亲戚，有同事，有朋友，花圈摆了几层，到后来房前摆不下，就延展到巷子里去，像在开一个花圈展览会。晚上在房前的空地上，吊起一盏大灯泡，把房前的空地和空地外头的一段街巷，都照得雪亮。王仁的表弟打乡间上来，晚上就拖一张凉床睡在外头的空地上，看着，以免有人（或有小孩）偷（或破坏）花圈。到天亮，公司人秘股里办事员小毕来了，在房前放一张小方桌，凡有人来行礼，就登记上，行多少钱，多少礼，花圈几只，姓名单位等等，一方面留个纪念，一方面作个备忘，赶以后人家有事了，也按照朋友的亲疏，行礼的轻重，去还礼。如此这般决不会错，况且来行礼的人家哪就都会有事，总之是没有亏吃的，又相互联络了感情。

那几日王仁自然是专职负责接待。人进了房，王仁就急忙站起，用两只手握紧人家的两只手，脸上没有笑容，嘴上轻轻地说："谢谢，谢谢。"坐下来，交谈几句，听几句安慰的话，再站起来送走，一直送到门外的空地，嘴上再说一句："不远送了，谢谢。"就立住不动，直到被送的一个人或几个人小心翼翼地走到巷子里，看不见了，才回屋。

公司的合经理来得较早，是当天上午就来的。来了之后，在第二天的下午又来一次，来问有什么困难。临走的时候，来到房前空地上，合经理就立住了，看着延展到巷子里的花圈，讲："拉起个院子就好了，又方便，又安全。"

王仁也四面看了看，讲："好是好，就是没有钱。"

合经理讲："也花不了几个钱，公司报吧。"

合经理是故意轻描淡写地讲，王仁却是感激透了，直送他出去老远。待丧事办完，王仁借口感谢公司对他妈后事的帮助，又在家里请了合经理一次——因为在办丧事期间，凡来行礼的都被请了一餐，所以这算又一次——同来的还有公司财会股的泾股长和王仁本股的办事员小毕。泾股长平素与王仁的关系就不错，他也是中年人，四十多岁，与王仁谈得来；小毕以往在蔬菜门市部站柜台，站了十多年，泼辣能干，王仁升了股长之后，她在商业局工作的丈夫来找王仁，是王仁出力把她调到股里的，所以都是较密切的人。

酒也吃过了，丧事也办完了，拾拾弄弄的，三十天过去了，王仁家的房门前开来几辆小四轮，忙忙碌碌的，砖、砂、水泥就卸了一地。再过几天，水泥抹面的院墙根一间小偏房就盖了起来，墙中间安了两扇大门，黑漆漆成的，发亮，正冲着街巷。打外面看上去，新墙新门，有一种吉祥的意味。

那几日，王仁每日早起晚睡，兴兴奋奋地操持，整日里里外外地跑，“监工”、督促。墙拉起来了，小偏房上了瓦，院里拾掇干净了，乡间来的几个工匠走了，一家人顿时轻松下来。至傍晚的时候，王仁对老婆讲：“玉春，搞点好东西来吃，这几日累屁了，酒也捞不上弄一口。”

这事玉春自然能干，就带着个篮子，骑上自行车上街了。晚上好一顿肉菜，看上去就叫人嘴馋。

第二日晚上也是一顿好菜，有摊子上买来的卤狗肉，还有半只卤猪耳朵。王仁的老习惯又恢复了，自斟自饮，不时把眼光打敞开的门放到院子里去，不时地讲：“院子是好东西。”又讲，“院子确实是好东西。”又讲，“也不想再挪窝了。院子真是好东西。”

休整了几天，按照王仁的意思，他老婆玉春和他女儿小丽又抽空把原来奶奶住的那间房从里到外打扫了一通，把里面的破破烂烂全拾掇出来，该扔的扔，该卖的卖，该烧的烧，该洗刷的洗刷了，然后打公司里找了个懂行的临时工来，用了半天的时间，把两间小偏房都用苹果绿涂料刷了一遍。临时工的工具都齐全，长杆的滚子，在墙上滚来滚去的，眨巴眼就完了。王仁讲：“在家里吃个便饭，也不拿你当外人。”

王仁是会笼络人的那种人。小临时工有些受宠若惊，不管怎么说，公司人秘股在人事上是大权在握，能为王仁尽犬马之劳，那是求之不得的事情。

晚饭又喝了几盅酒，王仁好这个，要是有人陪，那他对这陪酒人的印象自然就好起来。

多喝了两盅。或许是高兴，或许这段时日王仁都高兴。原来小临时工也是个红脸小子，几盅酒下去，脸就通红，借着酒气讲："王股长，俺不是当面讲好听的，俺在公司里，也就钦佩你跟合经理两个，别人，都他妈的。"

王仁自然跟合经理关系不赖。听到这里，就兀自摇摇头，讲："公司复杂哩，人多，嘴杂，难伺候，你好生干就是啦。"

红脸小子讲："俺听你的，王股长。"又讲："王股长，再过几日，俺想请你跟合经理，上俺家乡走一趟哩，俺们村长也讲过不知多少遍啦，想请你们去认个门。"

王仁讲："现在太忙，怕一时半时脱不了身，我跟合经理再商议商议。"

小临时工讲："好。"又把酒盅端起来："王股长，俺再敬你一盅。"

王仁推托说："不行啦，不行啦，多啦，多啦。"让不过红脸小子，也就心里舒畅地把酒端起来喝了。小家伙，嘴甜着哩！

过不了三五天，红脸小子带着位农民大叔找上门来。农民大叔的身子后头还跟着一个小青年，拉着一辆板车。进到院里，红脸小子对王仁讲："王股长，这就是上回俺跟你讲过的江村长，江村长讲要来拜见拜见你，今个就来了。"

没能留住他们吃饭。他们走了之后，王仁就上厨间看打那辆板车上卸下来的东西，计有鸡四只，牛肉一块，约十五斤重，鸡蛋一篮子，约百十个，香油一塑料桶，不少于五斤。玉春讲："他们弄啥来？"王仁讲："想叫公司收购他们的西瓜，他们那附近到处都种着瓜。"玉春讲："收瓜，现在还早哪，才几月份。"王仁讲："得先签合同。"玉春讲："合经理咋讲？"

王仁说："我逮个时机跟他好讲。"

隔两天，公司所属的东风批发部请工商所的人吃饭，合经理、王仁还有业务股的小吕都到了。酒酣耳热，趁上厕所的时机，王仁讲："听讲潍水汊子的瓜今年好哩，不如抽个闲时，开车去转玩一趟，也看看瓜。"

合经理爽快地讲："行。要看好了，就先签上合同。"

回到桌上，王仁夹着菜想：小临工干得不赖，那板车怕是先上了合经理家的。

下一天，公司的吉普车开出城去。

城外空气很好，初夏时节，天气不热不凉，各种植物的叶芽也都长齐了。一辆车上四个人，合经理坐在前排，把脚蹬在挡风玻璃上，拉叉着腿。王仁和业务股的小吕坐后排，还有司机张胖子。小吕带了一支气枪，这时枪就扔在后窗下边。小吕讲："我们经常玩，下乡打鸟，碰上了还能打只鸡。"王仁问："这支枪几个钱？"小吕讲："八十，不贵，业余时间好打发了。"

车近潍水汊子，沟沟水水的多起来了，都是老沟老水，水边都长着茂密的老草。到处都是树，地是沙土地，显得挺干净，车如在诗画里行走。合经理在车前头先叫起来："好地方，好地方，这地方不错。"

张胖子讲："找个时间来钓鱼吧，一般人走不到这块地方。"

王仁一击掌道："好，那就讲定了，来一趟少说也拎三五斤家去。合经理干不干？"

"那就干。礼拜天来。"合经理说，"停车下去瞅瞅，也撒泡尿。"

车打潍水汊子出来的时候，四个人有三个昏头昏脑的了。张胖子从不喝酒，所以合经理说坐张胖子的车最安全。三个人东歪西倒搁在车里，张胖子说："王股长，钓鱼、杀棋、打麻将，数你瘾大，得空好生跟你玩玩。"

王仁讲："闲着没的事，不玩干啥？该忙的时候，想玩也玩不上。"

张胖子讲："这阵子也没杀棋去？"

王仁讲："还真是，这阵子真给忙漏了。"

合经理半醒不醒地讲："张胖子，过一程下车去看看，别把鸡都闷死了。"

张胖子讲："误不了，放心睡吧合经理。"

吉普颠颠簸簸直往县城窜去。打车外看，车上东一头西一头乱歪的，都是面红耳赤的人，有同情心的不免提一把闲汗。

上濉河汉子钓鱼那天正遇上个好天。不大不小的风，晴空万里。吉普停在老河濉的一片草地上。车上的人下来。各找几处适宜的地方，拿小米撒了窝子，就抽着烟，捧着渔竿，等鱼儿上钩了。

钓鱼的时候，你跟我，我跟他，都不讲话。打王仁站的那块地方抬眼望过去，对岸是几株老柳，再往后略高些的地方，是没熟的小麦，青拉拉的，看上去心里头舒坦。

钓到天大晌午，张胖子喊："歇一气，吃饭。"喊着，就打车上搬下来一堆东西，在草地上铺开一张塑料布，拾掇好了，几个人都聚拢来吃。

那堆东西还真丰富，四只符离集烧鸡，一大块卤牛肉，一大块卤肚子，七八个松花皮蛋，一包炒花生米，四个卤猪爪，十瓶啤酒，十瓶汽水。这些东西副食果品公司都不缺。合经理说："老王，你灌这个不过瘾。"王仁说："也凑合了。"几个人狼吞虎咽饱餐一顿。

钓到天傍晚，鱼正到肯吃食的时候，几个人的钓瘾都上来了，都站在水边不讲走。直到看不清水草的摇动，才上车往城里奔，各人的鱼篓都沉甸甸，张胖子的那一篓少说也有八九斤，其他的鱼篓，少说也都有个六七斤的样子。车开进城里，路灯早亮了，在一家老去的饭馆——迎宾楼饭馆门口停住，点上五七个菜，扫了一顿，而后张胖子才又开车把各人送到家门口。

隔了几天他们又去钓了一次。那天晚上到家稍早些，王仁也不觉着有什么累的。他才推开院门，院子里有几个人正说着话往外走，见他到了，一齐站住，其中一个讲："说曹操曹操就到，你是想当鱼贩子喽。"王仁仔细一瞅，原来是几位熟人朋友，以往老在一块玩的，自老娘去世他们来行礼以后，还没再见过他们。这也有个讲究，不管事缓事急，总得等人家的丧期过了，才好去打扰。王仁见到他们，心里着实高兴，老长时间没见，还真有点想念。因此忙拉住他们到堂屋里坐，一边把鱼篓递给玉春道："晚上就吃这个，弄两个下酒的菜。"玉春说："我们家老王真不怕失业了。"王仁讲："现在街上鱼不便宜哪，像这种乱蹦的活漕鱼，少说也得四块钱一斤。"来客中有一位立起来去掂了掂鱼篓，惊呼道："哟，老沉，不少于五斤。"王仁道："小意思，小意思。"

坐定了喝茶吃烟。来客中一人说："老王，老不见了，怪想你的，今日来瞅瞅，想不到鸟枪换炮啦，拉成个院子，又添了间偏房。"

另一人讲："老久没见，想拉你去玩玩哩，也怪想你，手都痒痒着。"

王仁听说，眼睛里放光。也是的，自打老娘去世，以前的生活跟突然断了线似的，现在又有人来把它接上，心里自然是想奔熟路子走。就说："想法一样，想法一样。上哪去玩哩？我这里就新有个地方。"

"新有个地方？"来客中人说。王仁就立起来带他们去看。原来是老娘住的那间偏房，现在粉刷一新，能做新房，头顶上装了个大日光灯，灯一开，满屋放亮。屋中间摆了张大方桌，方桌四周放着五六只折叠椅，窗户门开着就凉快，有风，关上就暖和。大家齐声喝彩，道："好地方，好地方，绝啦，老王，你这地方。"

吃鱼喝酒，吃过晚饭，桌上房里一打扫，干干净净的，他们就铺上厚绒布，是反过来铺的，把麻将牌拿出来，倒在桌上，摸了风、座，就开局了。

虽说已入了夏，但初夏才过，夜晚天气并不怎样使人不舒服。院子大门早关了，偏房这窗户、门又都打开着，院里、屋里都没人乱走动、胡打搅，既无干扰又凉爽透气。打麻将这东西最怕人干扰，哪怕有个人只呆坐在屋角里喘气，不说，不看，不笑，局中人也会感觉不安心，有威胁，不能潇洒自如，令人心烦。

一圈下来，输赢不过三五块钱，可算是平局了。大家都伸手乱牌、垛牌。其中一人，不紧不慢地说："老王，你那事有门了，局里头已开过会了，还得再报组织部备个案。"另一人笑讲："老王要高升了，我们以后跟你混碗饭吃去。"王仁讲："胡屌扯个熊，副经理算个啥官，你们工业局厉害，哪个厂敢不听你们的。"

起了牌，话都灭了。三下五去二地打，个个出牌都精得跟猴子样。打到小半夜，玉春来给他们的茶杯加开水，王仁打桌上摸过来一张票子，递给她，讲："上拐角那店里拿几盒烟来。"工业局的那一位说："老王今晚有收入。"玉春讲："他是先赢后输。"又问王仁："买几盒？"王仁讲："尽十块钱买。"玉春答应一声，就出去了。

到下半夜四点多钟他们才散，一地都是烟头。玩麻将这东西有点瘾，也是社交的一种手段，几个人要是平日谈不来，心里头疙疙瘩瘩的，那玩麻将也就难玩到一块去，输赢几个钱是小事，谁拿钱去买不痛快？过了两三天，王仁骑车子打玉春工作的门诊所跟前走——玉春在门诊所做收款工作——拐进来讲："晌午饭别等我，上工业局老刘家吃去了。"玉春讲："是啥项目？"王仁讲："没啥项目，玩玩呗，联络联络感情。"玉春讲："你去。"又讲："小丽的工作也换好了，我今天听她讲的，就是按小丽的意思换到了家电柜台，找机会得谢谢人家蔡主任，怎么说人家也是出了劲的。"王仁说："知道了，等两天再讲。"就骑上车子走了。

工业局老刘家这几日比较清净，因为老刘的爱人带着二孩子上济南去看自个的姑母去了，老刘的大孩子已经结了婚，跟自个的丈夫住在单位分的宿舍里，因此老刘家这几天就清净，也就约了平日里的牌友来家里玩。

家里一清净，那玩起牌来可就是现今现世最大的享受了。随便吃了点饭，把院门一关，几个人就玩起来。老刘讲："老王你坐我上家，对我可是个大威胁，我吃不上你的牌。”王仁讲：“我那天输得脸上都没图像了。”

喝着茶，吸着烟，手里不慢不紧地摸牌、发牌。有人拇牌了，是商业局张股长。张股长说：“老王，你那事快下文了。”老刘插上讲：“要兑现了？王经理，咱们以后缺啥就找你啦。”

王仁讲：“咱啥时讲过个不字？不过话讲回来，大半辈子的人了，才混上个副经理，也蹦跳不起来了。”

老刘讲：“也是。”又讲：“你不同，你是实权派。”

张股长说：“你手里头有东西，拿这个你就能跟人家交换。”

王仁讲：“批条子还得找你哪，在下边是刨一口吃一口。”

老刘讲：“彼此彼此，大家互相帮助，不就得啦。”

王仁、张股长几个都讲：“这话在理，没错。”牌又都起在手上了。

天突然热起来，猝不及防，小城市里的人都弄成无精打采，很狼狈的样子，上班到得迟，下班走得早，都想黏在家中不出来，因为在自个的家里能把衣服都脱喽，只穿着一条裤衩子，吃点喝点，吹着风扇，心里头舒坦。

晌午吃过饭，王仁对老婆讲：“玉春，你下午给公司打个电话，讲我有点不舒服，下午不去了。”玉春讲：“你真是不舒服？”王仁讲：“不想去了，天死热。”玉春讲：“好。”

王仁下午就没去。一觉睡到三四点钟，起来了，擦把脸，就坐在藤椅上，吹着风扇，吸烟、喝茶、听收音机的泗州戏拉魂腔，享受。

打敞开的门里望出去，院子里真可谓阳光明媚，几只老母鸡蹲在墙根的棚子下边，热得直喘，间或还咯咯地叫两声。相对来说，在房子里就阴凉多了，且又吹着风扇。

这么坐着，吸着，喝着，听着，很快就到了傍晚，温度渐渐地降下来，老婆孩子都回家了，院子里热闹起来。王仁去洗了个澡，身上更凉快。老婆讲：“开饭啦，老爷。”王仁答应一声。一家人坐在方桌边吃饭，王仁仍是自斟自饮，喝得津津有味，嘴里咂吧咂吧的，是一种说不出来的享受，显出嘴里好香好甜的样子。吃了一会，两个孩子都扒光了自个的饭，先出去了，王仁仍是慢条斯理地咂，他老婆忙了一天，权当歇着，也慢条斯理地吃，跟他讲话。

第二天还是热，看样子是高温天气提前来了，叫人感到受不了。到下午闷热更甚，大多数男人都扒了长褂，只穿一个背心，女人都跟狗一样地乱钻，找凉快地方。王仁下班回去，走过九道弯，瞧见巷弯子处那棵大树底下蹲着的几堆下象棋的人，瘾头突地就给勾起来了。在以往，王仁可是三天两头就得在这块蹲上三两个小时，到天黑瞧不见界河了，才站起来回家的。自打老娘去世，忙忙碌碌倒把这个茬给忘啦。

这么想着，也就到了跟前，探头往里瞅，瞅见了棋盘，身子就不动了，就想该走什么样的好步子。看了十几秒钟，看出个好步子，见下棋的那人还不走，心就急了，手也痒痒，跟烟瘾上来了似的，嘴里就叫道："臭棋篓子，看不出哇。"围观的人都笑，也有的就更仔细地去看。下棋的那人倒沉着冷静，脸上也没表情，只是埋头看。王仁心里边急，又讲："还看不出来哇，真臭你，还看不出哇。"

那人还是看，也不言语。看了一时，抬起手拿了个子，走了一步。王仁心绞痛般地叫起来，道："屎棋一个，屎棋一个。"然后讲出了自个的步子，围观的人都争论不休。这时那个"屎棋"就败了，胜家抬起头来对王仁道："王股长，你棋不屎，你敢来一盘。"王仁也不言语，笑眯眯地往空位子上一蹲，这样蹲下去的时候，才知道叫这么多人围着、挤着，那温度，那汗馊味，都叫一般人受不住，但棋一走起来，其他感受就都没了。

第二日王仁又在那里杀到天黑。第三天晌午，玉春跟他讲："王仁，今晚上你早点家来，上午我见到蔡主任，叫他晚上来家里吃饭，我讲是你说的，人家为小丽的事出了不少劲。"王仁说："好，我早点回来。"

晚上蔡主任来了，坐下才吸了半支烟，外头有人敲门。从敞开的门里，能望见小丽打厨房里出来，跑去开院门。院门开了，原来是红脸小临时工，喊了一声："王股长。"就招呼外头一个四十来岁的农民汉子，把一架板车拉进来。王仁见状，就起身走出去道："干啥咪，小伙子。"红脸小临时工讨好地说："王股长，西瓜下来啦，第一茬的，村长叫俺送些给你尝鲜。"这样讲着，那个黑炭样的农民汉子就打架子车上往下搬西瓜。西瓜都是拿尼龙袋子装的，一袋子能装三四个，车上怕有一二十袋子。王仁说："要不了要不了，放着就放坏了。"那黑炭样的农民讲："俺也不能再拉回去，您老慢慢吃呗。"王仁也无奈。忽然脑瓜开了个窍，就讲："那好，留下一些，给蔡主任送去，就算我送他了，送到了，你们两个回来吃顿便饭。"红脸小临时工讲："不啦，俺们送到就走啦。"王仁讲："不要讲了，不要讲了，我告诉你们蔡主任家住哪里，好找得很。"说清路线，交代完了，又回到屋里，把事情对蔡主任说了，蔡主任在屋里已经听见了，这时略为谦让几句，大家就撇开了这个话题。

晚上酒喝得猛，蔡主任能喝，喝个半斤七两的没有问题。那个黑炭样的农民汉子喝起酒来简直就是个无底洞，他完全是一种不在乎的样子，这样子把王仁和蔡主任都吓住了，不敢跟他对喝。于是王仁就劝他喝，或是一比二地喝，就是王仁喝一个，他喝两个，或是王仁和蔡主任轮流跟他干。这样，在不到一个钟头里，已经干下去两瓶白酒了。王仁说："好样的，好样的。"又喊来老婆，叫她拿第三瓶酒来。玉春把酒拿来，说："你们喝慢点，多就菜，多就菜。"她是有点担心。王仁讲："没事没事，这位老弟海量，海量。"那黑炭样的农民，这时话也多了些，讲道："俺们一季忙到头，也就仗着王股长帮扶一把，俺们要是一车一车拉了瓜上街卖，那地里头就烂成稀泥啦。"又讲，"俺今个搁王股长家喝酒，心里痛快，王股长能瞧得起俺，俺就打心眼里头钦佩着王股长。"把酒盅端起来道，"俺们干了这一盅。"王仁讲："我不行了。"黑炭讲："俺帮你代，你湿湿嘴就算喝过了。"王仁把酒端起来在嘴皮子上沾了沾，黑汉子就接过去，拿一只手攥住两个酒杯，昂起头，叫一个杯里的酒流在另一个杯里，再流到嘴里去。

众人都看出了神，蔡主任叫道："高手！高手！"那黑炭样的农民汉子更来劲，也不客气一声，收去了四个人的杯子，斟满酒，用一只手的五个手指头分别夹住，昂起头，张开嘴，滋溜溜一阵响，杯里的酒一个流向另一个，再一个，第四个，再流进他的嘴里，眨巴眼不剩一滴。众人看得更出神，一齐叫道："高手！高手！"农民把酒杯放下，抹抹嘴道："王股长，蔡主任，过奖了，过奖了，乡野小技，丑得很哩。"王仁讲："好酒量，好酒艺，吃菜吃菜。"众人都谈论不休。

这一晚也是巧得很，大家正谈着，外头又有人敲门，玉春出去了，就领来两个人。一看，是人大办公室的何秘书和工业局的老刘。见是他们两个，王仁赶忙招呼玉春拿椅子、拿筷子，请他们上桌子来。何秘书讲："都吃过了。"王仁讲："吃过饭也碍不着喝酒，这里有位海量。"老刘讲："谁是海量？蔡主任？跟我差不多，比何秘书倒是差一些。"蔡主任讲："我不行啦，是这位。"说着一指那农民汉子。那汉子忙说："不行，不行，俺是瞎喝，也喝不出个味道来。"

众人听了这话，不管怎样讲，都在心里头吓一跳。老刘讲："那你真是海量，跟喝凉水似的。"王仁讲："坐下，喝两盅吧。"约略介绍介绍，道，"按老规矩，来晚了先罚三盅。"何秘书和老刘讲："认罚。不过你事先没通知，只喝两盅。"王仁讲："好，就喝两盅。"两盅下肚，王仁讲："吃菜，歇歇。"两人夹了点菜吃，说了几句话。王仁把他们的酒盅斟满，说："你们三个初次见面，干两盅。"

那黑炭样的四十多岁的农民汉子连忙讲："不敢不敢，都是俺们的领导，俺先敬两位一盅。"

何秘书讲："不用了，不用了，坐到一个桌上喝酒，就不分上下了。你是哪个庄子的？"

红脸小临工抢上讲："俺们是濉水汉子的。"老刘讲："那块不错，跟画样的。”

黑炭样的农民汉子讲：“各位夸奖了，各位要是不嫌弃，就约住了，一块上俺们庄去吃两盅，俺家就住搁濉水汊子边上，好找。”

城里的几位都讲：“那是，那是，待有闲时，我们就去坐坐。”

讲着，端起酒盅，老刘先跟他干了两盅，何秘书又跟他干了两盅。放了酒盅吃菜，这时外头天早黑透了。老刘讲：“老王，好几日不见，想跟你玩玩哩，老蔡也在这里。”何秘书讲：“老蔡，听讲你那营业部生意做得好哩，我们钟副委员长讲，啥时去看看哩。”蔡主任说：“欢迎人大视察。”农民汉子这时把红脸小临工的盅子拿到自个的跟前，跟王仁讲：“王股长，俺们谢谢你啦，俺们跟各位再干两盅，俺们是借花献佛，往后请各位上濉河汊子喝去，俺们得先走一步啦。”王仁讲：“不急。”农民汉子讲：“俺们下回再来。”说着，端了酒杯，跟县里工作的各位领导各干了两盅，就离了席，讲了许多好听的话，拉了架子车，与红脸小临工一并走了。

剩下的人重在桌边坐定。蔡主任讲：“乖乖，这家伙是无底洞，无量。”王仁检查一下酒瓶，讲：“总共喝掉四斤半，他一个人少说喝了二斤半。”老刘说：“怎么样，干牌。”蔡主任说：“那好，干几圈。”都说不吃饭了，吃菜就吃饱了。四个人离了桌，进了偏房，吸着烟，喘着酒气，摸起来了。

摸了几把，外头全静下来了，都睡了。王仁讲：“出去卸卸包袱。”到外头卸了包袱，一抬头，瞧见月亮周围一个大晕圈，回到屋里就讲：“明天要阴天，怕能凉快点。”何秘书说：“热天刚才开始，就盼凉啦。”王仁说：“热天不好过。冬天能烤火，能钻被窝，热天你能怎么着？”老刘讲：“热天就吃西瓜，打赤膊，反正你这里西瓜多。”何秘书讲：“倒真能找个理由上濉水汊子去转转，那里凉快多啦，净是水。”王仁讲：“好啊。”一直打到天快亮，才散。

过了大约半个月，天正式热了，红脸小临工跟那个黑炭样的农民汉子又来送西瓜。一进院门那汉子就讲：“王股长，俺直望着你们去哩。”红脸小临工讲："不是王股长，现在是王经理啦。"农民汉子讲："是啦，王经理，俺们直望着你们去哩。"王仁讲："有时间就去，今年西瓜不赖哩。"农民汉子讲："今年瓜旺，怕要贱哩。"王仁说："也讲不准，怕贵不起来。"说了一会，两个人就告辞走了。卸下来的一堆西瓜，王仁瞧着有点犯愁，就对玉春讲："玉春，想法送出去些，吃不完也是坏。"玉春讲："小丽谈个朋友，姓单，不如叫他来抱几个。"王仁听了一愣，有点不高兴，讲："哪里的？怎么不跟我说？"玉春讲："现在不是跟你说啦。小丽也不好跟你讲，女孩子哪能张开口。"王仁说："在哪里工作？"玉春说："在卫生局开小车，是去年才从部队上下来的。"王仁讲："他父母是干什么的？"玉春说："他妈在哪个厂里当工人，他爸在磷肥厂里当副厂长。"王仁也不知道是讲好好还是不讲好好，也就没讲什么，回屋里去了。

到下个星期天，小丽谈的那个男朋友，随着小丽一块来看王仁，手里拎着几大包，有吃的：软包装符离集烧鸡，午餐肉罐头等；有喝的：可口可乐，健力宝啥的；有吸的：一条渡江烟，一条大重九；还有喝的：两瓶古井贡酒。小伙子长得虽不十分出众，倒也精神抖擞。王仁感觉不出什么不好来，跟他说了一会话，就放他们出去玩了。他们两个走到院子外头，一阵引擎的轰响声，王仁知道小伙子是带了车来，心里头多少也有些舒畅，院门口能经常停着一辆，也光彩不少。

下了几场雨，雨一停，天就热，雨一下，地上就稀泥巴汊，烂脏。这日下午又下了一场雷暴雨，快到傍晚时，雨停了，空气还有点湿漉漉的，蛮清新。王仁下班走过九道弯，瞅见巷弯子那里又蹲了两堆人，看样子是才蹲上的，不多，这时瘾头忽然就上来了，于是走过去，瞅见那几个熟悉的面孔，就蹲下观战。

其中一个见他来了，就笑哈哈地讲："王经理，王经理，恭喜高升啦。"王仁这段日子净听到这类恭维话，听起来叫人高兴，就咧了咧嘴讲："狗屁高升，小经理。"那人又讲："往后没日子过小，寻到你门下，望高抬贵手啦。”王仁讲：“你那是金不换的单位，拿我们穷开啥心。”周围的人都哈哈大笑。那人讲：“王经理，你来，你来。”王仁讲：“那我就不客气啦。”

两人换了位子。王仁很沉着，也很熟练，直下到天黑透，王仁才踩着星光往家里去，他觉得夏天的日子就得这么过，不然太难熬。第二日傍晚，他又在九道弯蹲下了，才下了不上一盘，一阵雷暴雨把人打得精光，待王仁赶到家时，衣服全湿透了。他脱去湿衣服，洗了澡，就来桌边吃饭。吃过饭，孩子们都干各自的事去了，王仁伸着腿歪在躺椅上抽烟，玉春在收拾盘子碗筷。王仁讲：“这日子虽过得单调，也还有过头咹？”玉春讲：“日子不就这么过呗。”王仁瞅了她一眼，又抽自个的烟去了。

西瓜大量上市，王仁家里的西瓜也吃不完。天气溽热，雷阵雨下过之后天又闷热起来，把人搞得都没有精神。王仁每日上班下班，抽烟喝茶喝酒吹电扇打赤膊纳凉，这样一直过到七月下旬，红脸小临工和那黑炭样的农民汉子，受村民委员会的委托，又来送过一回西瓜，因为他们那附近有一大部分晚瓜马上就要出园上市了，靠他们自个拉上街卖，人手不够，又费时间，卖不彻，因而还得靠果品公司。临了，黑炭样的农民汉子讲：“王经理，俺们村长又跟俺讲过一回，叫俺拉着您上俺们村转转，去钓钓鱼，打打麻将。俺们濉河汊子，可比城里凉快多啦。”

王仁听了这话倒怪有兴趣，因为在城里老闲待着，一个是热闷，一个是心里闲闷得慌。口里就讲：“叫合经理一块去。”红脸小临工讲：“合经理说啦，合经理讲他这一阵子家里头有点事，怕走不开，要是你能走开，你就去玩一趟。”王仁心里想：哪是家里有事，是叫迎宾门市部的那个小寡妇小蔡给缠住了，舍不得离开。不过这事王仁在一般的场合并不说破，随他去。心里想着，口里就讲：“那好，那我就再跟合经理商谈商谈，要是去，也就是这两三天的事。”农民汉子跟红脸小临工都讲：“好，那俺们就望着你。”

第三天他们就成行了，开着公司的吉普。一块去的有业务股的小吕，人秘股的小毕，还有司机张胖子。小吕坐在前排，王仁和小毕坐在后排，因为王仁不太喜欢坐前排。车在路上跑着，王仁就问小毕道："好些天没见着张股长了，他忙什么唻?"小毕说："他还不是瞎忙。可不是，你们这一阵子也没在一块摸麻将。"王仁讲："天死热，坐不住。"小毕讲："天热怕啥唻，一上桌子，就啥都忘了。"王仁讲："也是的。"又讲："听说商业局要换班子了，不知道是不是真事。"小毕讲："听说了，隔个一年两年总得换个把人。"王仁讲："老张怎么样?"小毕讲："他怕不行。"王仁讲："也难说。"小毕讲："那得下文了才能算数。"王仁点点头表示同意。

车到了濉水汊子，四面都是老水，河河汊汊的，树不多，比城里是凉快多了。见到村长，村长自然是一番殷勤，这是正常现象，因为把柄在人家公司的手里头攥着，何况双方关系又好。吃了西瓜，抽了烟，小吕讲："那我们就先去钓鱼啦。"把车开到一条水草繁茂的汊河边，停在树荫下。风打河面上和河滩的草地上徐徐吹过，风景如画。水边上也长着一些老柳什么的树。这时江村长早派了个赤身露体的半大小伙子，带着茶壶、香烟、西瓜、炒花生什么的，在河边的草地上摆好了，讲："要是有啥事办，就喊俺一声，俺就放倒身子在那边的树底下睡着。"王仁讲："一时半会也没有事，你就睡去。"那半大小伙子讲："俺这几日累屁啦。"讲完，就走到不远的一棵树下，在树荫里放倒身子睡了。

王仁、小吕和张胖子都拿着渔竿，找地方撒窝子钓鱼。小毕就坐在茶壶和西瓜旁边。她一边喝茶、吃花生，一边跟离着最近的王仁闲扯话。小毕讲："听讲局里也知道合经理跟小蔡的事啦，就是没拿住把柄罢了。"王仁讲："也是，都传，都没拿住过。"小毕讲："小蔡那娘们是个什么样的东西，人家都知道，要是她一闹，合经理也就完了。"王仁讲："那是的。"

钓到大晌午，怕有下午两点来钟了，几个人都甩了小半篓子漕鱼，怕都在三五斤左右，乡下的鱼就是好钓些。小毕已经倒在树阴凉底下的草地上打了半天瞌睡。这时那个黑炭样的农民汉子，打庄子那边走过来，离着老远就叫："王经理，王经理，俺们把饭食准备齐啦。"王仁见是他，立时也起了点热乎劲，到底是熟人了，就跟他打招呼，讲："不急不急，正钓在瘾头上，不急。"那黑炭样的农民汉子，不再催他们，但显出了一种激动的殷勤样子——他们毕竟也算是他的半个客人——掏出一包新买的烟卷，拆了封，请王仁他们抽烟。王仁一眼瞥见那是当地人最常抽的一种中等偏下的烟，为了礼貌的缘故，就掐出来一支，就着农民汉子划着的火点上了。

几个人都抽着烟，又钓了一会，直到王仁钓上来一条稍大点的漕鱼，那黑炭样的农民汉子才又讲："王经理，先去吃口饭呗，吃完了再来钓，家伙也不用拿，村长派了人来看。"王仁讲："那也行。"黑炭样的农民汉子又讲："俺们村长亲自下厨烧了几样好菜，这种菜俺们这左近还没有人能做得出来。"王仁问："什么好菜？叫什么名字？"农民汉子讲："怕也叫不出什么名字，材料倒都是上等的，俺觉着在城里也不易吃上。"

几个人在草地上吃了一支烟，小毕也醒了，把乱头发抓整齐了，这才相跟着往庄里走。走到庄头，见到一处房子，大约有三四间，十分低矮，高不过一米五，房上的麦草都灰枯了，凹凹凸凸的，房前围了一道土院墙，也残破，墙顶上长着野草；院墙中间的地方开了个口子，拿一挂秫秸编成的帘子挡着当门。

几个人正打墙外走着，那黑炭样的农民汉子对王仁讲："王经理，俺们不怕你笑话，这就是俺家，俺想请你们几位上家里喝口水，俺们再去吃饭也不迟。"王仁讲："那就去看看。"

黑炭样的农民汉子在前头领路，替他们抬帘子。进到院里，院里也是一地的草，但比野地里好多了。他们进了房，房里也破破烂烂没有什么像样的东西。坐下吃了一支烟，他们就上村上的公房里吃饭去了。

乡下的饭茶没什么特殊的味道，做工都不讲究，但数量足，内容多，大碗大盘子，管够。起始就喝酒，王仁知道那黑炭样的农民汉子是个什么样的酒量，所以不敢对喝。喝到后来，又上了两样货色：一大碗红烧鸡腿，怕有十多对，那就非得宰了十多只鸡才能有这么十多对鸡腿，王仁他们都吃腻了，草草地夹一筷子完事；又上来一小盆“霸王别姬”，王仁拿筷子挑了挑，总得有四五只马蹄鳖和两只整鸡，他们就专拣鳖腿和鳖盖皮吃；这种马蹄鳖在城里少讲也得到四到十块钱一斤，这样的一只鳖怕就得四五十块钱。到这样的时候，那黑炭样的农民汉子，怕有些喝疯了，一边说着话，一边拿大瓷碗倒了酒牛饮，村长他们也不劝他，由他喝去。王仁他们都看得发痴。小吕讲：“这酒怕是凉水做的。”村长讲：“他平时不沾，逮到一家伙，闹个五七斤过瘾没有问题。”

酒足饭饱，他们略微睡了一觉，才啃了一肚皮西瓜，开上车去河滩，由村长他们陪着一直钓到太阳将落，才打道回府。

日子一天天挨过去，天热得持久，这时节合经理跟小蔡的那回事，有点传出来了，虽然只是嘀嘀咕咕地传，但对合经理怕就不是一件轻松爽快的事情。合经理好像有一点发愁，情绪也不太好——人在有事的时候总是这样的，能理解。王仁觉着此时待在公司里，容易尴尬，假如碰上什么事，也容易被动，再说天又极热，公司里这一段也没什么大要紧的事，因此就谎称头痛，请了几天假，在家中歇凉。

请了假，心里边定下来了，在家里歇着也悠闲自在，只要能对付住热浪就行。在家的第一日，老婆上班去了，女儿小丽也上班去了，儿子小藏上同学家玩去了，王仁待在家里，心里挺安静，也觉着心里挺实在，关了院门，摆了竹躺椅在堂屋的正中，开了西瓜吃几片，又沏了一壶酽茶，摆在躺椅旁边的方凳上，差不多都准备齐了，忽而想起在箱柜的什么地方，还有老些年以前扔下的几本书，怕有二三十年了，还是跟玉春刚结婚那几年买的，那时候年轻力壮，自我感觉极好，啥都充满希望地去干。想到这些，就到箱柜里去找，找来找去，找出两本书，一本是通俗版的《三国演义》，一本是通俗版的《红楼梦》，犹豫了一下，就把《红楼梦》扔回箱里去，带着《三国演义》到躺椅边，点着烟，躺倒、翻书。

午时一家人都回来了，王仁对老婆讲："玉春，我找出一本书，《三国演义》，翻了一上午。"玉春笑讲："你真是没事了。"王仁讲："就是没有嘛，干啥去，死热的天，日子就这样过呗。"玉春讲："那是，能享福就享福，公家的事少管些，也少些麻烦。"王仁讲："倒不是这个意思。"吃过饭，睡个大午觉，起来就是一身汗。一家人又都走干净了，王仁仍开了风扇，吸着烟，喝着酽茶，睡在躺椅上翻通俗版的《三国演义》，也能打里面翻出不少东西来，能翻出些计谋出来，不禁觉着受益匪浅，加上这时心静气平，那滋味更妙，发现这才是自个要找、要过的生活，情绪自然也好起来。

晚饭的时候，王仁不期然地就谈《三国演义》，那当然是加上了二三十年前看《三国演义》时的心情和情绪的。儿子和女儿都不感兴趣。女儿小丽匆匆吃了饭，就打招呼出去跟男朋友看电影，儿子小藏也是匆匆吃了饭，跑走了。留下王仁夫妇，一边慢吃慢喝，一边闲聊。玉春讲："到秋里你过五十大寿，大藏怕也能打部队里请假家来。"王仁讲："早咪。"玉春讲："过起来也快。"

第二日上午，王仁仍是开了风扇，吃西瓜，喝酽茶，吸烟，睡躺椅，翻《三国》，翻到妙处，免不了激动，而后就睡去。翻身醒来，觉着这日子、这书本、这烟、茶、西瓜、躺椅、风扇、家、老婆、孩子、头衔、社会关系，都溶在血液里了，不禁有几分感想，感想自个这五十年来，日子虽过得不奇不险，倒真是一种幸福美满的日子，没说的，没说的。

如此过了三日，到第四日的上午，人秘股小毕敲门进来，坐定了就讲："王经理，你这日子真自在，没听说合经理叫小蔡给闹啦？"王仁挺感兴趣，打躺椅上坐起来问："怎么给闹了？"小毕讲："怕是合经理没答应她一些事情。"王仁问："没答应她什么事情？"小毕讲："怕是合经理想把她给甩了。那娘们哪是好惹的主，跟谝能样的，四处糟蹋合经理，讲合经理跟她通奸，不知道一点丑。"王仁讲："合经理怎样讲？"小毕说："合经理当然不认账，可那日子也难过。”王仁摇摇头，又躺倒在躺椅上，讲：“也真难为老合了。”小毕讲：“要是再闹下去，合经理怕难保。”王仁讲：“那倒是。”又讲，“咱们也帮不上他。”小毕讲：“就是。”

王仁中午把这事讲给玉春听。王仁知道这事对自己不坏，仍是喝啤酒、抽烟、睡觉，脑子里却静不下来。到下午，一阵敲门声，开门看时，却是合经理。忙让到屋里，装做诸事不知的样子，开西瓜，吃西瓜，吃烟，坐下来讲：“仍是头痛，比前两日是好了些。”吸着烟，合经理有点心神不定的样子，到最后，下了决心，开口道：“老王，有件事得请你帮个忙。”王仁忙讲：“老合，有什么事尽管讲，咱们谁跟谁，不要客气，你的事也就是我的事。”合经理讲：“就是小蔡那件事，那个后娘养的到处糟蹋我。”王仁沉吟了一下，讲：“这事怕有些难办，你想怎样？”合经理道：“麻烦你去跟她谈一谈，不能叫她到处乱喘。”王仁又沉吟了一下，笑道：“这可是得罪人的事。”又讲：“那我奉命跟她讲一次，闹不好把她调出去。”合经理听王仁这样讲，自然感激，两人又细谈了一时，合经理才离去。

下午的时候，小毕来了，讲：“王经理，我来啦，合经理讲你找我。”王仁讲：“合经理下午来过，托我跟小蔡谈一次，你去通知她一下，叫她晚上上我家来一趟。”小毕笑了，讲：“合经理怕真是急了，早知这样，当初就不该占人家的便宜。”王仁讲：“现在后悔也来不及了，先谈一次再说吧，我们也起不了什么大作用。”小毕讲：“那倒是。”又说笑一阵，才走。

晚上小蔡来了，是个骚骚拉拉的妇女，三十左右，也不能说没有一点姿色。进了门就讲：“王经理，我应召来了。”又跟王仁老婆打了招呼。在藤椅上坐下，王仁去沏了杯茶来，放在她跟前，讲：“大热的天，也不该找你跑一趟，我这几日生病，出不去。”小蔡有些搔首弄姿地讲：“王经理，客气什么，平时想来还想不出理由来，有什么事吧。”王仁讲：“有点小事，不太好开口。”小蔡笑道：“王经理，别拐弯抹角，我知道你想说什么事，这事你不了解情况。他姓合的不是人。”王仁说：“我不了解情况，那你就跟我说说。”小蔡讲：“别人讲不出口，我能讲出口，他姓合的占了我的便宜，好话讲过几箩子，现在拔屌无情，想甩了我，我不搞臭他，就不是人。”王仁讲：“事情也不能做绝了。”小蔡气哼哼地讲：“他不仁，我不义，除非他调我上公司去，他先前讲的话也不能当屁放了。”王仁想了想，说：“调你到公司去，也不是件容易的事。”小蔡接上讲：“对他姓合的来说，就是容易的事。”王仁说：“那你想得太简单了，如果合经理调你到公司去，那上上下下的闲话，他就受不了。”小蔡很生气：“他受不了，我就受得了？我被他玩了，我上哪说去，我一个寡妇家，日后还跟谁去？这事不能跟他完。”王仁说：“你要冷静冷静，不能太冲动。”小蔡说：“王经理你的好意我领了，可这事不能跟他完，他不仁，就不能怪我不义。”王仁说：“这事我也问不了，合经理强奸你是他的不对，现在事情闹出去了，公司上下都知道了，想捂也捂不住了，我也不能干涉太多，但你一个女人家，也难。”小蔡听了王仁的话，一愣，抽抽搭搭就哭了，讲：“王经理，你可得替我做主，他姓合的强奸我，可不能大事化小、小事化了了。”王仁讲：“不要哭了，不要哭了。”这时玉春进来了，坐到小蔡的身边，用女人的同情心讲了一些安慰的话，然后就把小蔡给送走了。

第二天王仁上班，见到合经理，拉到没人的地方，告诉他说：“老合，我跟小蔡谈过了，她是直肠子，转不过弯来，她还一口咬定是你强奸了她，这事怕难办，我再去找她来谈一次。”合经理气得大骂：“她个狗养的东西，血口喷人。”又讲，“老王，再烦你去跟她谈一次，叫她不要乱讲。”王仁讲：“好，我上午就找她。”

这一天，公司上下又都传说是合经理强奸了小蔡，讲小蔡晚上在店里值班，合经理敲开她的门，就强奸了她。王仁又跟她谈了一次，自然不见任何效果。商业局自然也就知道了，派了张股长和人秘股的一个办事员来调查，合经理自然也就处于半停职状态了，公司里什么事都来找王仁，什么事都得王仁拍板才算。小毕这时也被公司报了个人秘股股长，局里头批准看来是不成问题的。

这样乱忙了一阵子，就进了阳历八月，立了秋了。但天仍是不要命的热，并且是干热。王仁每日在公司里乱忙，回到家，洗了澡，喝几口茶，就坐到饭桌边吃饭，人也兴奋了些，饭量也好些，酒在午饭和晚饭前是少不了的，午饭时是啤酒，晚饭时是白酒，这都养成了习惯，一杯酒下去，觉着浑身都舒服，乏累全消，同时也就有意无意地有了一种生活的安全感。这日中午吃饭时，玉春讲："大藏来信了，讲，秋天能家来，一家子都来。"王仁点点头，没说什么。小丽插嘴问："妈，哥什么时候回来?"玉春讲："就是秋天呗，九十月份，具体时间信里没讲，我也不知道。"小藏插嘴说："妈，写信叫哥带套军装给我。"玉春讲："你自己写，高中生连信都不能写啦?"小藏说："好，那我就自己写，不带套军装来不准进家门。"小丽讲："是你的家呀？你有什么权力。"小藏讲："不跟你讲，女孩子就是啰唆点。"说完了也吃完了，推了饭碗就出去了。小丽讲："妈，他又下河洗澡去了。"小藏在门口停住，回过头来冲她做鬼脸道："告状啦，告吧，又怎么样。"玉春讲："不准回来太晚。"小藏讲："知道了。"人就走出了院子。小丽吃好了也回自个的房间去了。晚上吃饭时，王仁讲："这些日子忙得够呛，想出去转一转。"玉春说："天死热，上哪转去?"王仁讲："上山头、梅花附近转转去，现在农村怕早凉快了。"王仁在这里所说的山头、梅花，都是地名，在苏皖交界的地方，也是王仁的老家所在，梅花乡以前属安徽，新中国成立后划给江苏了。玉春听了，又道："去转啥哩?"王仁说："确也没啥好转的，就是想出去转转。"玉春说："你到底是乡里长大的，过几日见不到乡下人，心里就不安。出去又得花钱。"王仁讲："也花不到什么钱，主要是现在在公司里，有点不上不下的，不自然。"玉春讲："你看呗，想转就出去转一趟呗。"

这么说着，王仁也没拿定主意是出去还是不出去。拖着，就有点闷，因此每日下午下班打野棋摊子处走过，必要打熬不住，下车观战，或上去杀几盘，与平头百姓全无二样，嘴里不间断地出一些脏话、俏话，至天黑方才回家。那些时日，王仁还养成了另一个习惯，就是在下午下班回家时，走过街角处的卤菜车旁，假如天还不甚黑的话，就必得下车，去购半只卤鹅或大半只猪耳朵。卖卤菜的是个瘦小干净的小老头，唇上有几根稀疏的胡子。王仁下了车，把车扎上，这时节的天气，在天傍黑时已不太热了，王仁走着轻快的步子，走到卤菜车边，老头就讲："王经理，下班啦，来斤把卤鹅?"王仁讲："来半只卤鹅。"称好了，用刀在案板上剁着，王仁伸手提过一块，放在嘴里嚼着——这之前口水都下来了——说："你这味道跟人家就是不一样。"老头讲："俺们这是祖传的汤汁，俺现时没传给旁人，连俺儿都没传，旁人自然做不出来。"王仁讲："你这里也干净。"又说："买卤菜吃图个什么？一图省事，二图味道好，三图干净。"老头讲："这倒也是。"

隔天晚上回到家，啃着卤鹅，喝着酒，王仁讲："老合的事怕真麻烦了。"玉春道："张股长他们调查咋样了?"王仁讲："现在不是局里的事了，纪检委、组织部跟监察局都派人来调查了，怕难办。"玉春讲："他也怪不到别人。"王仁讲："就是。"玉春讲："贪女人没好事，往后你也注意着点，别让女人给弄栽了。"王仁大度地一笑："老啦，也没那精气神啦。"玉春讲："晚上你也没多闲着。"王仁讲："到底是不比从前啦。"玉春笑讲："瞧你个死样子，不要脸的。"王仁笑抿着嘴，仰起脖子又灌了一大口酒。

星期天，王仁照例也起得比较早，上菜市买了菜，慢跑回来，在厨间见着玉春，玉春道："小丽讲啦，讲小单他们单位，分了两间房子给他，他们想定个时间结婚，叫我来跟你讲。"王仁讲："啥都没准备齐，怎么结婚?"玉春讲："啥都准备齐了，人家男家都准备齐了，到时间只管把小丽接过去就行了。"王仁讲："这事他们自己做主，你看着办吧，怕也得带点陪嫁过去。"玉春讲："衣服、被子啥的都少不了，再给小丽千把块钱，这一辈子不就这一次。"王仁讲："那就带一千五百块钱过去，再带辆新自行车。”玉春讲：“好。”

玉春忙乱了一阵子，又来跟王仁讲：“小丽他俩的日子定了，定在十月一号，正巧十月五号你过五十大寿，大藏也来家了。”王仁讲：“那就定在十月二号，天也凉快下来了。”玉春讲：“一点不错。”

在这种时候，王仁的心情也难以完全平静下来，到底是家里的一件大事。可又帮不上手，动嘴的机会都不多，全叫玉春给包揽了，自个落个清闲。便邀了商业局的张股长，工业局的老刘和人大办公室的何秘书，来家里摸麻将，垒方城。好在节气也到时候了，晚上较为凉爽，人坐着不受罪。拉亮灯，泡好茶，关好纱门纱窗，几个人坐定，都把手伸出来垒砖头。垒着，何秘书就讲：“听说你们公司老合那事难办了。”王仁讲：“这事得问张股长，他经手，知道内中底细。”张股长说：“几家都下来了，事情明摆着，倒出不了多少花样，处分怕是免不了。”工业局老刘说：“那姓合的本来就不是什么好东西，见女人就走不动了。”何秘书讲：“他职务怕也保不住。”张股长说：“怕难保，他这事影响坏，那女人硬臭他，他就躲不掉。”王仁讲：“老合这是一失足呀，也罢，这都是他自个做出来的，没别人逼着他。”老刘说：“没错没错。打牌了。”噼噼啪啪打到十二点半，勉强散去，瘾头却被勾起来了，憋了一个夏天，天凉了正是打牌交友赌钱的好时候，约好了第二天晚上再打，在何秘书家打。何秘书讲：“各位还没在我家里打过，去坐坐，下午下班就去，在我家里吃饭。”王仁讲：“你家里原来没地方，现在新分了房子，我们当然得去瞧瞧。”何秘书讲：“那就说定了。”几个人一齐讲：“就定了。”

第二天下午下班，几个人约好了早早就去，到了何秘书家才五点半钟，老刘讲：“先摆起来玩，先摆起来玩。”何秘书讲：“行，先摆起来玩，她下班了做好饭菜，我们再吃。”王仁讲：“吃饭是小事，主要是玩玩。”张股长讲：“吃不吃都无所谓，上了桌子也就忘掉饿滋味了。”摆好桌子，找风，找座，坐定了，都伸手垛牌，这时节自然又要讲些无关紧要的闲话，王仁讲："平日忙忙闲闲的，忙时说着急，想把事情早点弄完，其实也没啥事等着，闲时又太无味，又想去找点事情干，也急，只有上了牌桌，才不慌不忙，不急不闲，心里的那些怪念头也全跑了。"老刘说："老王你这话可不像个党员讲的话，你这话讲得一点模范带头作用也没有。"何秘书讲："党员也是人，也少不了七情六欲。"张股长说："老刘完全是一副打击投机倒把的面孔，受不了，受不了。"王仁讲："听了老刘的话，自己惭愧得很，惭愧。"大家哄堂大笑。老刘讲："群起围攻呀，投降投降。"噼噼啪啪牌就发出来了。打了个把小时，何秘书的爱人回来了，几个人都跟她打招呼，她把包拎出来说："从街上买了点烧鸡、牛肉、盐水鸭什么的，你们玩，你们玩，做好饭我就喊你们。"王仁讲："不要麻烦，随便就行。"何秘书爱人讲："不麻烦，不麻烦，你们玩吧。"说着就进厨房了。

打完四圈，该吃饭了，四人打成了平手，输赢都不超过三五块，老刘讲："今年也怪事，牌桌上老打成平手，见不了分晓。"王仁讲："还是和为贵。"何秘书讲："那就先吃饭，吃过饭再玩。"撤了牌具，上了菜盘子，大大小小总共弄了六七个凉菜。几个人顿时都饿了，看着眼馋，张股长讲："这样丰盛。"何秘书讲："也算是乔迁之喜啦。"王仁讲："那我们几个总得凑个份子，表示表示。"何秘书讲："胡扯胡扯，要真那样我可就不请你们了，不欢迎了。"老刘讲："我们可是来了，你欢迎不欢迎也撵不走了。"张股长说："讲得是，我们就表示一下，统交给老王。"挡开了何秘书和何秘书爱人的手，各人掏出一张十元的票子，集合在王仁手里，王仁对何秘书爱人讲："这顿饭也算我们请了一半，我们是有钱出钱，有人出人，烧炒的事就全麻烦你了。"何秘书爱人讲："哪能要你们的钱，请你们还请不来哩，你们都是大忙人。"老刘说："也不忙。"张股长讲："无事忙。"王仁讲："瞎忙。"半推半劝着她收了钱，桌边这四个人就斟满酒，抄起筷子，消受起来。

秋日夜凉，待在屋里好舒服。过了几日，几个人又凑在一块，玩牌，娱乐，消磨时光。王仁讲：“明天星期几？星期天了吧？瞧这几日忙都忙忘了。”何秘书讲：“明个是星期天。”王仁讲：“明个是星期天，今个能玩得时间长些。”老刘讲：“那就玩个大半夜，玩到三四点钟。”张股长说：“玩一夜我也能陪各位。”老刘讲：“那就玩一夜，反正明个没事，时间是自己的。”王仁说：“先玩起来再讲。”

洗牌声在秋夜里听起来好清脆，好悦耳。打完三圈，王仁已出去两大张了，垛牌的时候各位就讲：“老王是先输后赢，有后劲，到最后怕能把哪位掏光。”又讲：“老王现在是副食果品公司的总管，这名义上怕也要再升半格，得请客啦。”王仁讲：“这客我怕一时半时请不成。”老刘讲：“老王你这就不对啦，想省几个？咱们这嘴可不答应。咱们先问问张股长，他那儿信快。”张股长说：“这事已报上去了，局里当然没问题，组织部那边现在还没消息，看起来问题也不大，老王实际上也就干着经理统管的事，这门业务也没人能顶过他。”何秘书讲：“这话在理，老王在机关里的反映也一直不错。”王仁说：“那就托各位的福啦。不过今晚在牌桌上是搞的阶级斗争，各位虽然帮着我，我也不能手下留情。”诸位大笑。老刘讲：“好你个老王，我摸你的庄，叫你栽一下。”张股长说：“请王经理赞助几个夜餐费。”何秘书讲：“开小牌，叫老王知道我们也会开小牌。”王仁讲：“我不开小牌，我要开就开大牌，开小牌就可耻了。”老刘讲：“可耻就可耻一家伙，摸牌。”一直打到天亮才住手，王仁睡了一上午，兜里多了二十多块钱。

天气更凉快一点的时候，也就是说到了九月下旬二十号左右，小毕上班的时候告诉王仁说：“王经理，听说组织部下文了，恭喜恭喜。”王仁说：“还得谢谢你家老张呀，不过话说回来，到了这个年岁，也就快退休啦。”小毕讲：“早哪，退休还在哪年哪月，听说你们今晚又约定了。”王仁说：“不错，是又约定了。这四五天都没聚了，明个又是星期天。”小毕讲：“你正好请客。”王仁说：“这怕是跑不掉了。”

王仁的心情自然不坏，玉春也挺高兴，本来她在王仁跟前讲过好几次，讲十月份就快到了，别揽那些琐事，比如玩牌、请客、出差啦什么的，待在家里办好家里的事。但王仁觉着家里的事他插不上手，一直没明确表态，现在碰上这样的高兴事，玉春自然也就通了思想，因此晚上客人来齐时，桌子上已经丰丰盛盛地摆满了。老刘进门就叫："今天看起来不太一样，咳？啥事？"张股长讲："王经理很自觉。"何秘书说："准是那事定下来了。"王仁说："随便吃点，随便吃点，都坐下，都坐下。"坐下了，王仁说："今晚喝点白酒，怎么样？天也凉快了。"诸位说："那就喝白酒，恭喜恭喜。"喝着酒，老刘问道："那姓合的怎样办了？"张股长说："可能要调到蔬菜公司去，怎么安排还不知道。"何秘书说："他这也是自找的，在咱们国家里，不搞女人、不贪污公款，就天大的事也找不上门来。工作好坏那没个死标准。"王仁讲："这话倒也有一定道理，咱们今个不讲这些了，喝酒、吃菜、打牌、消遣。"老刘讲："对，这话也对。工作时咱们完成任务，工作以外咱们搞好个人生活。怎么样，这话怎么样？"张股长说："这话也不错，咱们就喝，咱们轮流跟王经理碰一个，怎么样？"大家齐声应和道："有必要，有必要，这酒不能推辞。"王仁自然不推辞，仰起脖子喝了六盅，众人看见他的爽快气，都齐声喝彩。这饮酒也有个情绪问题，情绪好了，想往肚里灌，而且轻易不醉，情绪不好，酒难以下咽，并且咽下去就醉。六盅喝完，王仁讲："今个酒喝得痛快，老长时间也没这样喝了。"老刘讲："你是心情好。"王仁讲："这个不假。天气也好，凉快了，蚊虫少了，夜里也不用开电扇、开大门了。"张股长讲："既然如此，你就先打个通官，来一圈，反正人不多。"王仁讲："好，我就先打个通官，一人两盅，三拳两胜一个酒，各位可得多包涵着点。"老刘讲："那可不能包涵着，我们包涵了你，你不包涵我们，还不是我们多喝酒。"何秘书讲："凭本事喝酒，谁能耐大了，谁吃点亏，少喝两盅，公平交易。"张股长说："开官之前我再提个意见，这酒盅得斟满喽，漓漓拉拉的半盅，不好交代，给谁斟少了，谁都有意见，是不是。”老刘讲：“这意见对呀，可不能有私心，你不想多喝，我们还不想少喝哪。咱们看着，都斟满喽。”王仁：“我不能身兼二职，你们就把我给罢免了。”张股长说：“好，那就把你给罢免了，由我来接替这个酒司令。”说着就把酒瓶子拎过去了。王仁把右手伸出来，在老刘的掌上拍了一下，想想，又把手给收回去了，道：“你这样上台未免太便宜了，按着规矩，你得先喝两个满盅的，讲话才有分量，才有人听，不然当个傀儡司令也窝囊。”何秘书讲：“这话有理，你搞政变不能没有一点代价，就按规矩办，好不好，服人。”老刘讲：“那就按规矩办，讲话才有分量，才有魄力。”张股长一张嘴拗不过三只口，摇摇头，道：“那好，那就按规矩办，酒喝过了，司令就得行使职权了，那时候就由不得你们不听。”说罢，端过酒盅，滋溜滋溜，两盅酒就下肚了，众人一齐道好，张股长抹抹嘴，说：“开始，经理打通官，三拳两胜一个酒，共四个酒。”王仁刚把手伸出去，听他如此一说，跟烫了似的又把手缩回来了：“怎么着，又变啦？滥用职权，滥用职权。”何秘书在一旁哈哈大笑。老刘道：“怎么着政策又变了，瞬息万变呐？”张股长道：“不服气？不服从命令？”把酒瓶子往桌子上一顿，道：“喝两满盅酒，拿去。”这几位也不愿再白灌两盅，只好作罢。“行啊行啊，在法律面前人人平等，你也是四个，我们也是四个，干。”两个人把右手伸出来，相互拍了一拍，王仁又停下来，问道：“喊两个好还是喊一个好？”老刘讲：“就喊两声好，哥俩好，好哥俩，成双成对，热乎。”王仁讲：“那就喊两声好，哥俩好。”重又拍了一下手，齐声喊道：“哥俩好呀，再好再好。”往下就不再“哥俩好”了，互斗心计，拿手指头子表现出来，虽只有五个手指头，但其间的变化无穷，看谁的花招多，看谁的变化快，看谁抓得准。斗了二十几个回合，两人竟不分胜负，不由都扑哧一笑，收回手来，讲：“今个有点怪事，以往还没斗过这么多回合，今天真有吉相哩。”何秘书讲：“是有吉象，老王荣升经理，难道不是天大的好事？这么着，你们两个也不用再浪费时间，二一添作五，平分了，一人两盅，对干。”老刘讲：“不干，还是得喊，喊喊酒精就挥发了，能多盛几盅。”张股长说：“随你们，只要你们能把四盅酒干了，酒有去路，本司令放宽政策，一律不予深究，哪怕你请了嫂子来代。”王仁说：“司令可是开明政策，我心中有底了，这把准赢。”果然他就赢了，老刘端起酒盅道：“敢情你有夫人作后盾呀，没话说，谁叫咱没带来。”连着喝了三盅，第四盅王仁陪了，放下盅子，边吃菜王仁边说：“这陪酒的规矩也不知道是哪年兴的，要是这么三家都陪，那也是三盅哪。”何秘书讲：“别吹，别吹，这次拿你四比零。不过我又得讲人道主义，得陪你一个，免得你一个人孤单。”王仁道：“那就来。”两个人手来拳去斗了十多分钟才见分晓，又是王仁陪了一盅。两个都喊得满脸冒汗，王仁道：“不行，得喘一时，这盅酒也来之不易。”何秘书道：“怪了，老王今个有神相助了。”张股长说：“看来这历史的重担就落在我肩上了。”何秘书说：“看你的了。”斗到最后，又是王仁大胜，几个人都唏嘘不已，说不清这里面是什么道道。老刘道：“老王，看来你真好福气，搞不过你，真搞不过你。服了，真服了。”

这场酒喝过，王仁在家里时睡时醒地睡了半夜加半天，下午他上班的时候，局里就打电话告诉他，说他的文下来了，请他召集一下有关干部，主要是公司各股室的以及批发部主任副主任、门市部组长等等，由局里的有关领导去传达。王仁就把这件事交给毕股长去办。人员到齐，已是下午近五点钟，局长和组织部组干科的一位干部已到了，就开会宣布任命王仁为副食果品公司经理，原经理调离公司，等待安排。王仁自然也表了态，会议简短圆满，王仁且又是轻车熟路，业务对他没有任何压力，所以他显得轻松自如，给大家留下一个更好的印象，这个下午就美满的心情愉快地过去了。

接下来的几天，也许有四五天吧，王仁的生活又逐步走上常轨，心情虽说很轻快，很顺畅，但也没多少好激动的了，到底是五十的人了。天气更趋凉爽，羊毛背心穿在身上已经不太能脱掉了。晚上吃了饭，王仁正靠在沙发上吸烟，这时外面有人敲院门，小丽出去开门就没再回堂屋，玉春出去回来说："是小单，他们还赶忙着把新房弄好。"王仁说："怕已弄得差不多了吧，钱就取出来给小丽，给小丽开个户头。"玉春讲："我明天就把钱取出来，给小丽开个户头。他们那房子可是什么都有了，现在年轻人的开销跟咱们那时候没一点一样的。"

他们说着话，说到小半夜，怕有十点来钟了，玉春讲："凉了吧。"起身进屋拿了条毛毯给他盖在肚子和腿上，王仁顿时就觉出了一阵暖意来。到了十一点钟，院外一阵刹车声。玉春讲："怕是小丽回来了。"院门果然就被钥匙开开了，两个人都没动身，仍是有一句没半句地讲些闲话。小丽来堂屋伸了一下头，讲了两句话，就回房睡觉去了。

大藏一家子来的那天上午起了雾，打早晨就有雾。王仁一家刚吃罢早饭，小单就开车来了，进门道："大藏哥不知几点的车来?"玉春讲："九点整的，准备准备就得去。"小藏讲："我跟单哥去。"玉春讲："不行，你赶快上学去。"小藏只好上学去了。小丽讲："那我就去，我在组里请两个小时假。"玉春讲："那你就请两个小时假。"等王仁中午回到家里，家里已经十分热闹了，儿子和儿媳妇都来喊"爸"，孙女就扑到他身上喊"爷爷"。中午热气很高地吃了一餐，晚上又美吃了一餐，王仁到十二点钟以后才上床睡觉。儿子自然带回来许多样东西，小藏的军装自然也没忘，一家人都十分高兴。

这一晚睡得又踏实又暖和，玉春在他身边也睡得跟条小母狗样。第二日早晨王仁不知叫什么东西给搞醒的，醒来时很平静，身子连动也没动，只把眼皮睁开了，突然就很清醒地醒了。被窝里好暖和，玉春已经起床了。王仁躺着没动，只拿耳朵听外面一个小女孩嫩生生的声音，这声音他往日自然常听不到，这时听起来就格外有味道。他又估摸着外头仍是起秋雾了，因为那小女孩的嫩生生的声音打外面传进来，就带有一种湿漉漉的味儿。他听那小女孩讲这么一个故事，花园里有三只美丽的蝴蝶，一只是红的，一只是白的，还有一只是黄的。那小女孩撇着腔大声地背，讲。要是大人，比如说二三十岁的女人或什么的，撇着的腔能把人腻歪死，但小小的女孩倒正需要这样，显出一种可爱的童稚来。外面那小女孩讲道："花园里有三只美丽的蝴蝶，一只是红的，一只是白的，还有一只是黄的，它们在花园里面唱歌、跳舞。忽然，下起了大雨，三只蝴蝶飞到红花那里去，请求说，红花姐姐，红花姐姐……"一个声音突然打断了道："蝴蝶会讲话吗，瞎编。"显然是小藏的声音。王仁气得骂一句："滚你妈的！"但他只是在心里骂，外头玉春和小丽都叫着道："小藏，捣什么乱，滚开，滚开！娟娟，别理他，重新开始，重新开始。"王仁这才又安静下来，竖起耳朵听孙女嫩生生的脆腔，孙女又撇着腔大声背道："花园里有三只美丽的蝴蝶，一只是红的，一只是白的，还有一只是黄的，它们在花园里面唱歌、跳舞。忽然，下起了大雨，三只蝴蝶飞到红花那里去，请求说，红花姐姐，红花姐姐，大雨把我们翅膀淋湿了，大雨把我们淋得发抖了，让我们在你的叶子底下避避雨吧。红花姐姐说，红蝴蝶的颜色像我，请进来，黄蝴蝶、白蝴蝶，别进来。三只蝴蝶齐声说，我们三个好朋友，要来一块来，要走一块走。"小女孩的声音停顿一下，明显着是咽了一口唾沫，又道："三只蝴蝶又飞到白花那里去，请求说，白花姐姐，白花姐姐，大雨把我们翅膀淋湿了，大雨把我们淋得发抖了，让我们在你的叶子底下避避雨吧。白花姐姐说，白蝴蝶的颜色像我，请进来，红蝴蝶、黄蝴蝶，别进来。三只蝴蝶齐声说，我们三个好朋友，要来一块来，要走一块走。三只蝴蝶又飞到黄花那里去，请求说，黄花姐姐，黄花姐姐，大雨把我们翅膀淋湿了，大雨把我们淋得发抖了，让我们在你的叶子底下避避雨吧。黄花姐姐说，黄蝴蝶的颜色像我，请进来，白蝴蝶、红蝴蝶，别进来。三只蝴蝶齐声说，我们三个好朋友，要来一块来，要走一起走。三只蝴蝶在花园里，飞来飞去找不到避雨的地方……"小女孩的嫩生生的声音突然说，"下边我忘了。"小丽说："太好了，娟娟真能。"王仁睡在床上没动，一直睡到快吃早饭了才爬起来。

小丽结婚那天，王仁在淮北佬宾馆办了十五桌，中午五桌，是亲戚和特别好的朋友什么的，晚上十桌，都是行过了礼的。现在行礼少了拿不出手，少则三十五十，多则百儿八十的。中午的气氛亲切平和，晚上的十桌热闹。王仁的脸面上自然极有风光，端着酒杯在各处转，碰杯、干杯，小丽结了婚，本打算跟小单一块上外面旅行的，知道王仁要贺五十大寿，就跟小单商定了，待过了五日之后，再出去，反正请假时间长，能玩得及。五号那天的贺宴，是玉春一手操办的，也把她累得不轻，王仁的意思是不惊动多少人，只是常来往的要好的朋友在一块聚聚。也就照王仁这个意思办了。

到五号晚上，人陆陆续续来齐了，也只是一桌，十位朋友。各位坐定，都是熟朋友，开口闭口地说笑话、闲谈。王仁事先并没告诉诸位今晚吃饭喝酒的项目，只是讲大家聚一聚。待坐定了，玉春端了菜来，才讲："老王今天五十整了，请大家来喝一盅。"听到这话，没有人不说"恭喜、高寿"之类的话的。老刘讲："老王也真是福相人。那就以一当十，先干了五盅。"王仁当然不会推辞，仰起脖子干了五盅，道："各位随便喝，随便吃。"一时间筷子乱飞起来，肚片、鸡肫、符离集烧鸡都是抢手货，眨眼间也就去了一半。座中一人道："老王这几日可是四喜临门啦。"另一人道："我只说是三喜临门，荣升经理，闺女出阁，五十高寿，哪里有四喜？说出来我们听听。"第一人道："儿子一家探亲，阖家团聚，算不算一喜？"众人一齐朗笑，道："不错，不错，四喜不错，四喜不错，老王真是有福之人。"王仁讲："有什么福，混日子罢了，说实在的，我也就到此为止了，也不想去争个大光荣了，到这种年龄，不想了，觉得累了，该歇歇了。"座中又一人道："老王你这想法是咱们的模范，人嘛，也就这么回事，有吃有喝有玩，老婆不离，儿子孝顺，大财不来，小财不断，就行了，人就图个这个，还要咋样？"座中人立时七嘴八舌应和道："此话不假，你我又能玩出个什么花样来，能叫地球倒着转喽？那是瞎话。"议论道，来客则一一起座向王仁敬酒，在这种场合，不分年龄大小，自然都以王仁为主。王仁连喝了二十杯，玉春忙说："歇一气，别喝急了。"座中一人道："好，好，嫂夫人出面保护了。什么叫福气？这个就叫福气。我们不如跟嫂夫人也干一杯。"玉春摆脱不掉，喝了五七盅，脱身回厨房去了，她本来有些酒量，五七两没有问题，只是平日不沾罢了。

酒过一半，座中人都有些微醺，其中一人提议道："我们不如来猜一回火柴梗，这样酒下得更快些。"另一人问："怎么会更快些？"第一人道："今天是老王五十大寿，我们就拿五根火柴来代。我手里攥了几根火柴，打一到五，不能出零，也不能出六、出七、出八。"第二人又说："在座有十一位，想必有一半得歇着？"第一人道："不用歇，不用歇，大家随意猜，猜中了喝酒。有人猜中了，我也不说破，待各位都猜完了，猜中的一齐都喝，看谁能创了最高纪录。"大家齐声喊好。第二人又道："那出拳的人怎么算？"第一人道："出拳的人请一人代猜，那人喝了，他也喝，那人免了，他也免。"第二人又问道："那这出拳的人就永远出下去了？他怎么传给下边的人？"第一人道："他传给下边第一个猜中的人。"大家说："好。"第一人说："我就不客气了，我就先出拳了。"第二人又道："不合适，不合适，这第一拳应该主人来出，你哪能抢了就走。"众人齐声叫道："自觉点，自觉点。"第一人笑着摇头，说："此话有理，我让，我让。"

王仁领了火柴梗，两手放在背后，倒了几倒，在右手里留了两根，攥成拳，伸出桌面，道："开始。"从他右手起，按逆时针方向，每人报出一个数字来，有人喊出一，有人喊出五，有人喊出二，有人喊出四，又有人喊出二，又有人喊出五，突然其中一个道："老王，哪个代你报？"众人这才想起王仁没找代报的人，但已经报过数的就没有这个资格了。王仁向后面看了看，讲："那就老刘代报，我们俩捆在一块了。"开始老刘就报道："二。"王仁心里暗暗叫苦，但面皮上不能表现出来，以免后面的人识破。下边的人再喊，有人喊一，有人喊二，都报完了，大家一齐盯住王仁，王仁不紧不慢张开拳，拳心里躺着两根火柴梗，座中人都乱轰，有庆幸的，有谈经验的，有惋惜的，有傻笑的，有呆看他人的。喊二的人都喝酒，王仁自然也免不掉一杯，座中有人说："这里头有窍门，照老王这种性格，不会走极端，所以不大可能出一出五，实践证明这是正确的。"王仁讲："下回我就出一、五。"那人又道："下回可就难说了，你有准备，就不准了。"众人哄哄地说笑，也是一片热闹。酒喝过了又猜，王仁试图按那人所讲的窍门去试一试，不想一猜就中，又喝了一杯。糊里糊涂一连喝了四杯，火柴梗又轮在他手里。座中人都兴趣盎然，一人道："老王，怕真有福星高照你，如若这一杯又有你的，那我们就真服了。"另一人道："假如断断续续喝了五杯，就显不出什么神奇了，假若连中五元，那咱们就真没什么话可讲了。"王仁道："就看这下子。"其中一人问："老王请谁代报？"王仁想了想，看了看，说："还请老刘代报。"然后把两手背在身后，玩了几玩，再把右手攥成拳伸出桌面。这时玉春也在人后看着，老刘突然说："慢着，这一拳不如请玉春代报，看是灵还是不灵。"这一招绝妙，众人齐声喊好。老刘又道："让玉春先报。"玉春想了想，就小心地报道："四。"报完后就看王仁的脸色。众人也都静了，也看王仁的脸色。王仁脸上没多少东西，看不出是非曲直喜怒哀乐，只是一层福气慢慢地散出来。王仁不急不躁，慢慢把拳头张开，拳心里赫然躺着四根火柴梗，座中一人应声叫道："连中五元！"接下来的炸笑声把盘子碗都震动了。王仁则安详笑坐，没急着动。

写于 1989 年 8 月合肥　发表于天津《小说家》

《泗水边的〈中庸〉》全书完成于善水轩、淮北佬斋

2016 年 4 月 2 日至 2017 年 5 月 12 日

图书在版编目(CIP)数据

泗水边的《中庸》/许辉著.—合肥:黄山书社,2018.5
ISBN 978-7-5461-7481-5

Ⅰ.①泗…　Ⅱ.①许…　Ⅲ.①儒家②《中庸》-研究
Ⅳ.　①B222.15

中国版本图书馆 CIP 数据核字(2018)第 108311 号

泗水边的《中庸》　　许辉　著
Si Shui Bian De Zhong Yong

出 品 人　王晓光
责任编辑　朱莉莉　常舒雅
责任印制　戚　帅　李　磊
装帧设计　观止堂_未氓
出版发行　时代出版传媒股份有限公司(http://www.press-mart.com)
　　　　　黄山书社(http://www.hspress.cn)
地址邮编　安徽省合肥市蜀山区翡翠路 1118 号出版传媒广场 7 层 230071
印　　刷　安徽联众印刷有限公司
版　　次　2018 年 7 月第 1 版
印　　次　2018 年 7 月第 1 次印刷
开　　本　700mm × 1000mm　1/16
字　　数　250 千
印　　张　13.25
书　　号　ISBN 978-7-5461-7481-5
定　　价　29.80 元

服务热线　0551-63533706
销售热线　0551-63533761
官方直营书店(https://hsss.tmall.com)